跟著

鐵道達人
輕鬆
玩日本

11條錯過會後悔的
大滿足鐵道路線全攻略

CONTENTS

Japan Rail

都電荒川線

　　東京雖然匯集了各種高運量的鐵道系統，但在繁忙的東京街頭，如今還留有一套路面電車系統，由東京都交通局經營，穿梭於下町地區，受到居民與觀光客的喜愛。

　　「路面電車」指的是運行於一般馬路上的電車，當然電車並非真的用鋼輪去碾壓柏油路，而是行駛於路上舖設的專屬鋼軌。台灣或許很少見到，但在日本和歐洲的許多城市，無論是過去或現在都設有路面電車喔！

都電荒川線路線圖

JR東北本線

王子駅前

王子

飛鳥山

滝野川一丁目

西ヶ原四丁目

都營地下鐵三田線

西巣鴨

新庚申塚

庚申塚

巣鴨新田

巣鴨

池袋

大塚

大塚駅前

JR山手線

向原

東池袋

東池袋四丁目

東京地下鐵
丸之内線

都電雑司ヶ谷

雑司谷

鬼子母神前

東京地下鐵
有樂町線

学習院下

面影橋

東京地下鐵
副都心線

早稲田

東京地下鐵東西線

早稲田

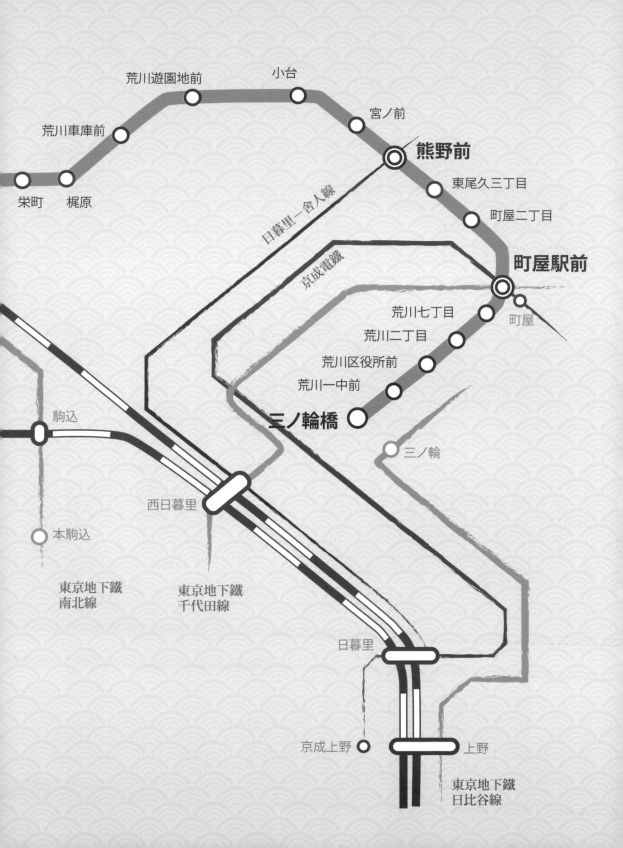

買這張票最划算！

「都電一日乘車券」顧名思義是都電荒川線專用，「都營一日乘車券」（又稱「都營通票」）則可以額外搭乘 4 條都營地鐵、1 條無人駕駛的新交通系統（日暮里・舍人線，在荒川線熊野前站交會），以及東京都內四通八達的都營巴士。而「東京自由車票」（又稱「東京環游通票」）雖然價格略高，但用途更廣，能用於兩家業者的 13 條地鐵路線（含新交通系統），與 JR 都區內的各線普通車。玩家們可視當天行程需求，選擇每次搭乘時付單程車資，或購買適合的企劃票券。

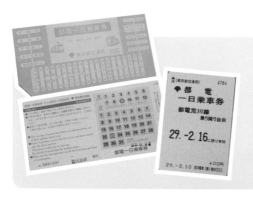

都電一日乘車券

¥ 價格：成人 400 円／兒童 200 円

⚐ 販售地點：
荒川電車營業所等指定窗口，或上車後向運轉士洽詢，現買現用。

都營一日乘車券（都営まるごときっぷ）

¥ 價格：成人 700 円／兒童 350 円

⚐ 販售地點：都營地鐵各站的自動售票機、荒川電車營業所等指定窗口，或上車後向運轉士洽詢，現買現用。

東京自由車票
（東京フリーきっぷ）

¥ 價格：成人 1,590 円／兒童 800 円

⚐ 販售地點：都營地鐵各站的自動售票機、荒川電車營業所等指定窗口，或上車後向運轉士洽詢，現買現用。

02 *About here!*

都電荒川線，原來如此！

東京僅存的路面電車

　　路面電車全盛的 1960 年代，東京的馬路上曾有 40 多條電車路線，總計超過 200 公里的軌道，每日載客量約 175 萬人。但隨著上路的自用車增多，路面電車走走停停的特性使它成為私有載具的障礙，進而逐漸從地表上消失。有些路面電車上升一級，被路線相近的地下鐵取代；有的則下降兩級，變成傳統的路線巴士；當然，也有真的自此從城市中完全消失的案例。

　　東京僅存的這條都電荒川線全長 12.2 公里，設有 30 座車站（日文細分為「停留所」），單向搭完全程約需 1 個小時；同樣的時間若是搭乘 JR 山手線，都可以繞都內核心區域一圈、見過各個副都心了。但荒川線受人喜愛的賣點，本來就不是追求將乘客快速載往某處，而是一種貼近當地居民和社區的親切感。

27 號 & 32 號電車

　　荒川線現行的電車起訖點於 1974 年組成，這條路線原本分屬 27 號與 32 號兩套系統的電車，然而整體路網節節衰退，後來便整併去尾成為現在的樣貌。都電也在那時捨去了路線數字番號的慣例，僅保留「荒川線」的文字稱呼。

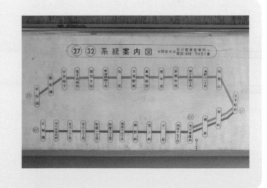

與居民共享回憶的復古電車

路面電車的運行區間，大多擁有隱身於社區路廊中的專屬軌道，有時則會在大馬路的中間鋪軌，再以路面的緣石區隔其它車輛。目前的荒川線是由早稻田站行駛到三輪橋站，每天的單向發車量約為 160 班，對住在沿途的居民來說，雖然不是隨手一招就可以搭到車的程度，仍算相當便利；畢竟在東京，要等一個紅綠燈過馬路的時間，或許都能等到下一班荒川線電車了。

荒川線電車穿梭的範圍，多是東京都內偏向住宅區的部分，或許正因如此，才讓它能夠繼續存活而不被地鐵路線取代。路面電車對於當地居民的意義，除了是出門的代步工具之外，我想也是一種保留著都市共同記憶的象徵。

路面電車會在柏油路面鋪設的鋼軌上運行

作者私語

路面電車與一般車輛真正得摩肩擦踵、前後貼著行駛的情況，出現在飛鳥山前站到王子站前站這個路段。雖然路徑不長，但馬路圍繞著東京的明治通，車流量極大又是陡坡路段，常看電車在此走走停停，相當考驗駕駛員的技術呢！

路面電車的車內沒有踏階，對輪椅與嬰兒車使用者相當友善。

荒川線在 Tripadvisor 的評選中，深獲國際遊客喜愛！

都電荒川線沿途設有 30 座車
站，結構都相當簡單。

荒川線電車穿梭的範圍，多是東京較偏
向住宅區的部分。

03

What's special?
「這裡」最特別！

電車內的旅客資訊系統（PIDS）
會顯示下一個停靠站

荒川線使用的均為單節運轉的電車，車長約 13 公尺，車內前後兩端都設有駕駛台，當電車行駛到終點後，換個方向便能折返出發。東京都營的路面電車早年採用黃色為底的塗裝，側邊再加上一抹紅色或藍色的窗帶，如今保存在公園或博物館的展示車，也多半會維持這款塗裝。

單節運轉的車款前後兩節都設有駕駛台，到達終點後換個方向，就能折返運行了！

 7000 型 & 7500 型

　　2007 年牛奶杰第一次造訪荒川線時，當下的主力車輛 7000 型與 7500 型，已改採淡黃色配萌綠色的近期標準塗裝，整體感覺相當輕爽且充滿朝氣，也是我對荒川系電車印象很深刻的一部分。

　　這款 7000 型電車於 1954 年登場，比東京第一次舉辦奧運還早 10 年喔！在超過一甲子的服役歷程中，雖然完成過車體更新與加裝冷氣等重大延壽改造，卻仍難抵歲月的考驗，在 2017 年春季全面退出定期服務；不過，仍有部份 7000 型會轉世投胎，重新翻修，再生為 7700 型。

由 7000 型翻修的 7700 型電車保有傳統構型，但塗裝已非先前的荒川線印象。

新世代電車翻新風貌

　　後來，8800 型與 8900 型等次世代電車
陸續問世，並分別於 2008 年與 2015 年上
線，如今多數班次也已由新款電車行駛。這
些更為環保省能的各款 21 世紀電車，車身
外貌改漆上多種鮮艷的亮彩；重生的 7700
型也放棄淡黃萌綠的清新配色，換上了深綠
色與深藍色的濃妝。至於維持「傳統」淡黃
色與萌綠色搭配的 8500 型都電，由於派車
較少，想再看到反而得靠點運氣了。

8500 型電車多保有荒川線印象的
淡黃色塗裝配綠腰帶，但班次
較少，看到的機會不多。

★ 9000 型

　　除了新型的亮麗電車外，荒川線還有兩輛復刻版的 9000 型電車在線上服務，其外型參照古典的洋風路面電車打造，車身側面還有 3 扇橢圓窗，造型相當別緻。此外，她們倆姊妹除了一般載客勤務，也會作為團體包車使用喔！

8900 型電車的外裝色彩趨向多元變化

04

Here we go!
都電荒川線玩什麼？

\ 早稻田站 /

早稻田站鄰近大名鼎鼎的「早稻田大學」，附近街區也散發出濃厚的大學城氣息，可以感受到跟東京都內截然不同的氣氛；雖然多數玩家沒辦法真的註冊入學，還是能夠到此體驗一下當個日本文青的感覺。

兼具才氣與市場魅力的日本當代作家——村上春樹便是早大校友！此外，以「島耕作」系列漫畫馳名的弘兼憲史也畢業於早大，在他 2014 年的新作「學生島耕作」

中，還曾以大隈講堂作為第一集的封面背景；為了回饋母校，弘兼憲史也為早大畫過吉祥物。

弘兼憲史曾為母校畫過吉祥物

早稻田大學為日本數一數二的私立學府

早稻田大學

　　早稻田大學由明治初期曾任首相的大隈重信創設，最初名為「東京專門學院」，後來改為現名，並逐漸發展成日本數一數二的私立學府，聲望地位勝過許多非舊帝大體系的國立大學。創辦人的銅像如今仍守護著早大校園，校內最重要的集會場地也命名為大隈講堂以資紀念。

　　喜歡早大或想感受大學氣氛的玩家，可自由參觀早大校園，並在官方或生協經營的店舖選購紀念品，順道幫忙贊助辦學經費。也請遊客特別注意，避免進入商店以外的校舍建築物喔！

喜歡早大的玩家，可在校內的紀念品店選購官方商品贊助辦學經費。

╲ 學習院下站 ╱

「學習院」是日本社會中名副其實的「貴族學校」，最早設立於京都御所內，作為讓皇室與受封的貴族家庭成員免費就讀的學校，直到戰後改為私校法人，才漸漸沖淡了貴族色彩。

從都電的車站出來後，繞到學習院校區的西側，會發現一間「切手博物館」。日文的「切手」就是指郵票，這裡是日本最具代表性的郵票博物館，玩家不但可以在此熟悉日本的郵政歷史，也能到紀念品區挑選喜歡的郵票，貼在寄回國給自己或親朋好友的明信片上，一定會更添驚喜！

╲ 鬼子母神前站 ╱

「鬼子母神」這個名稱乍看之下有些令人毛骨悚然，不過祂可是保佑小朋友身體健康，以及婦女生產順利的守護神，許多東京居民都會特地前來鬼子母神堂參拜。

從都電鬼子母神前停留所下車，通往鬼子母神堂的參道兩旁栽植了通天的櫸木，步行在林蔭下十分舒適，一角的咖啡廳也頗有文青風，即便是沒有舉辦市集的日子也不妨過來走走。

牛奶杰造訪時，鬼子母神前站一帶正進行工程，因此看見了電車在圍籬中行駛的畫面。

作者私語

鬼子母神的「鬼」在日文漢字中，其實沒有頭上那一撇，跟大家聯想到的阿飄起碼「有一點」不同喔！

鬼子母神堂是保佑婦女
與小孩的神社

★ 上川口屋

神社腹地內的糖果店「上川口屋」從 1781 年開業至今，歷史相當悠久，可以說美國還在打獨立戰爭，江戶時代的上川口屋就已經在賣糖果了；或許是接待過的外國人很多，老闆娘的英語對答相當流利呢！小鋪旁的公孫樹也不容小覷，樹齡經相關單位研判超過 600 年，已經列為東京都的天然紀念物。

★ 雜司谷手創市集

近年來，鬼子母神堂作為「雜司谷手創市集」（雜司ヶ谷手創り市）的主要會場而小有名氣，不少台港玩家也會特地安排集會時赴日造訪，這裡因此成為重要的文創景點。

雜司谷手創市集通常在每個月的第三個星期天開市，實際日期和詳細資訊請進一步查詢官網。

豐島區役所的複合式高樓，
包含超過 400 戶的住家喔！

∖ 都電雜司谷站 ∕

如果提起「鄉鎮市區公所」，大家會聯想到什麼樣的建築呢？老舊的外觀、辦公空間有限、美感也相當抱歉？位在寸土寸金的東京，豐島區役所將會顛覆你的既有想像。

★ 豐島區役所

離雜司谷站不遠的豐島區役所，在 2015 年時啟用新廳舍，低樓層開放為生活店舖空間，中間的 3 ～ 9 樓作為公部門辦公室，高樓層則規劃成超過 400 戶的公寓住家，地下室更有停車場及前往地鐵東池袋站的專屬通道。

區役所的建案由強調「弱建築」聞名的隈研吾設計操刀，以溫暖的木質建材呈現建築物的可親近性；而位於 10 樓戶外以及 8 ～ 10 樓外牆的「豐島之森」，則作為立體的空中花園，讓整棟「會呼吸的建築」更顯得欣欣向榮。

豐島區役所的建案由主張「弱建築」聞名的隈研吾設計，大量使用木質裝飾，整體看起來相當有質感。

區役所 10 樓的「豐島之森」是座立體的空中花園

豐島區役所附近的超商與餐廳合開在一起，形成便利商店內附餐廳的有趣組合。

＼ 東池袋四丁目站 ／

太陽城 60 大廈啟用初期是亞洲的最高建築，之後也曾穩居日本最高建築物十多年，至今仍是池袋副都心的地標，集購物、娛樂、辦公、旅館與交通轉運站等功能於一身。四丁目站的副站名「サンシャイン前」就是指太陽城，從車站步行到「太陽城」（Sunshine City）只要幾步路而已，想到太陽城逛街購物的玩家們，可以選擇在這站下車。

此外，由於路線曲折之故，從前某些區間的荒川線軌道看起來會像是筆直地朝著太陽城 60 大廈前進，但現在卻被豐島區役所擋住，沒辦法看到過往的景象了。

複合式的池袋太陽城，集購物、娛樂、辦公、旅館，與交通場站等功能於一身。

為了替哥吉拉電影上映造勢，哥吉拉的大腳丫也踏進太陽城囉！

池袋太陽城 60 大廈至今仍是池袋副都心的地標

太陽城是 1970 年代完成的都市更新計畫，以太陽城 60 大廈為主體，結合週邊較低的建物，發展成機能性極佳的複合性空間，在當年是知名的都市更新範例，地位猶如近期的六本木 Hills 或虎之門 Hills 等。

庚申塚站旁有一間餐廳，店門口就開在月台的候車椅前，是鐵道迷心中的都電名景呢！

高岩寺有一尊洗觀音像，信徒相傳可以治百病呢！

\ 庚申塚站 /

玩家搭乘都電到庚申塚站時，應該會注意到有許多年長者在此上、下車，這是因為站外的巢鴨一帶以販售長者的生活用品著稱，甚至被暱稱為「歐巴桑們的原宿」（おばあちゃんの原宿）。

★ 高岩寺

巢鴨街上的高岩寺，據說對祈求身體健康特別靈驗，吸引了許多歐巴桑指名參拜，久而久之便使巢鴨成為長者們的小天地。信徒會先舀水澆灌觀音像，再用布擦拭和自己身體不適之處相同的地方，這麼一來便能保佑健康，玩家不妨試試，心誠則靈喔！

★ 地藏通

而在巢鴨地藏通的街道上，店家們精心準備了各種長者們喜歡的商品，其中似乎以能招來好運的紅色產品特別受青睞，許多店家甚至把紅內褲高掛展示來吸引顧客上門呢！

能招來好運氣的紅色產品在巢鴨似乎特別受到青睞，整間店都紅通通的，十分搶眼！

\ 飛鳥山站 /

離開庚申塚後,電車朝著飛鳥山前進,軌道在山腳前轉了個彎,併入車馬雜沓的大馬路「明治通」。明治通是東京都的平面環狀道路,由於交通量相當大,常可見到各種汽車簇擁著電車前進的場面。而從飛鳥山站到王子站前站的區間,是荒川線最主要的軌道與馬路併用範圍,雙向的鐵軌就鋪設於道路中央的護欄旁。

★ 飛鳥山公園

飛鳥山是東京都內的小山丘,過去曾為將軍家的狩獵場,現在已改闢成飛鳥山公園;儘管公園的面積不大,裡頭卻設有北區飛鳥山博物館、紙博物館,以及澀澤史料館3座文教設施,兒童遊樂區旁還展示了已退役的蒸汽火車頭和都電車輛喔!

紙博館的策展主題正如其名,完整介紹傳統和紙與現代造紙的工藝技術,並設計了許多體驗課程,大小朋友皆能同樂。隔壁的澀澤史料館則是為了紀念明治時代的實業家──有「日本資本主義之父」稱號的澀澤榮一所建立,公園的土地有一部分還是他過去的宅邸。

在飛鳥山公園彼岸,隔著都電軌道與明治通的山坡下,有一座鬧中取靜的親水公園。水源來自音無川,雖然經過人工規劃,但盡量呈現其自然風貌,身處公園之中很難想像30秒的路程外就是喧鬧的大馬路呢!

橋洞下的音無川親水公園鬧中取靜，
十分清幽。

北區博物館為飛鳥山文化三館的成員之一

飛鳥山公園土地有一部份是澀澤榮一
過去的宅邸

明治通的交通量相當大，常可見到各
種車輛簇擁著電車前進的畫面。

飛鳥山公園內保存著已退役的都電車輛

\ 王子站前站 /

穿過 JR 京濱東北線的高架橋，電車便向右急轉，抵達王子站前站。這裡是荒川線與 JR 路線的兩個交會處之一，可以作為玩家暢遊荒川線的起訖點（另一處交會點為 JR 山手線的大塚站）。由於這站的人流較多，電車常採「車外收費」的方式，旅客踏上月台時就會先收票款，請特別注意。

★ 紙幣與郵票博物館

車站東側不遠處，有另一間隸屬國立印刷局的「紙幣與郵票博物館」（お札と切手の博物館），展間不大但可以免費參觀。王子一帶過去曾是日本近代的造紙重鎮，目前市場上幾家大型的製紙公司（如市占率全國第一、全球第四的王子製紙）都跟本地有些許淵源；而政府的重要國家用紙，包括鈔票、郵票、護照、股票，以及國會的官報等，也曾由此生產。另外，當年最早為日本政府設立印刷廠，並開始印鈔票的先驅者，就是澀澤榮一呢！

王子站前站處為荒川線與JR路線的交會處之一

作者系4語

　　JR 王子站外不遠處有棟隸屬北區區役所的大樓「Hoku Topia」（北とぴあ），17 樓設有一座免費展望台，視野相當良好，是鐵道迷拍攝新幹線列車的祕密基地也喔！

王子站前站由於人流較多，電車在此常採車外預先收費的方式。

國立印刷局經營的紙幣與郵票博物館可免費參觀，除了歷代的紙幣和郵票外，也展示了世界各國的珍奇紙幣和郵票。

\ 梶原站 /

　梶原車站附近有兩間店舖相當知名，內行的荒川線玩家一定知道！

★梶原書店

　首先介紹位於西向月台旁的梶原書店，店舖門口就緊依著月台，猶如設置在車站裡頭的書報攤。在以往每日晨報還相當暢銷的時代，往來的旅客們只要伸個手，就能帶走報紙上車閱讀，相當方便。如今書市經營艱困，書店要繼續維持營運不是件容易的事情，而小書店兼營的香菸攤，也逐步被販賣機取代，越來越少見了呢！

梶原書店緊靠著車站月台，堪稱是全日本離車站最近的書店！

明美位於梶原站旁的商店街，與電車遙遙相望，是電車迷都知曉的人氣菓子店。

★ 明美製菓

　　位於車站北側商店街的明美製菓，是販售傳統日式和菓子的點心小舖，創業已超過一甲子。最知名的人氣商品為「都電最中」（都電もなか），電車造型的外皮包裹著紅豆與麻糬，十分吸睛；而且「每輛」只要 144 日元，價格實惠，很適合買來當伴手禮。

　　有趣的是，隨著都電車輛的世代更新，明美也會與時俱進推出不同電車的外包裝，玩家可以先決定好要幾輛 7000 型，或幾輛 8500 型的電車再告訴店員喔！

營業時間：10:00 ～ 19:30　週一休息
地址：東京都北區堀船 3-30-12（離車站徒步約 2 分）

車庫外的都電公園保存了兩輛已退役的都電車輛，周末和例假日時會對外開放，可以進到車內參觀喔！

\ 荒川車庫前站 /

　　喜歡都電的玩家，應該不會錯過在本站下車，因為這裡是都電車輛的大本營，每天於軌道上來回行駛的電車平時就在此處保養與停放，時間到了再按班表出車載客。

　　車庫旁也是都電的營業所，除了車輛會在此收發車外，常能見到運轉士（駕駛員）們在月台上換班、交代行車狀況，並叮嚀注意事項的畫面。為方便車輛調度，本站的東行月台有兩座，相鄰約 80 公尺，且往三輪橋方向的電車會停 2 次「荒川車庫前站」呢！玩家們則可以在營業所購買各種企劃票，或是都電的相關週邊商品。

★ 尾久車輛中心

　　尾久車輛中心是上野站北側的車輛基地，「仙后座號」與「北斗星號」這兩款知名的寢台特急列車，停駛前皆是以這裡為家。此外，尾久車輛中心雖鄰近 JR 東北本線，但距離荒川車庫前站不算遠，鐵道迷們若想從本站直接前往也不成問題。

E655 系電車

　　JR 有部分列車平時不會安排一般的載客任務，僅在有團體包車需求時才作為專車使用，命名為『和』（なごみ）的 E655 系電車便是其中一員，而且是最特別的一組──原來這組電車最初是專供天皇家族成員使用，後來才開放給民眾申請租用。

　　E655 系電車僅打造 1 個編組，共有 6 節車廂，其中 5 節開放包租，但最神秘的「特別車」只限天皇與皇后使用，不包含在營業範圍。此外，尾久車輛中心開放參觀時，雖然常會請出 E655 系電車跟大家見面，但皇家禮車那節並不會出現在展示之列。

\ 荒川區役所前站 /

荒川區雖然是東京都心的 23 個特別區之一，但用地以住宅區的型態為主，不太有緊張忙碌的氛圍；而荒川線的名稱由來，應該跟鐵道沿途泰半範圍落在荒川區內脫不了關係。

在荒川區役所前站附近，天氣晴朗時可以從電車上眺望東京晴空塔，或到軌道旁拍下電車與高塔的合影，是荒川線的新興景點之一。

荒川區役所前站附近能拍下電車與高塔的合影喔！

三之輪橋旁的咖啡廳，有鐵道迷喜愛的觀景實座。

三之輪橋的古樸氣氛跟週邊社區相當契合

＼三之輪橋站／

　　三之輪橋站（三ノ輪橋駅）是都電荒川線的東端起點，設有兩座岸式月台，分別負責乘客的上、下車。車站週邊的廣場融入了周邊社區的氣氛，佈置得十分古色古香，附近還有條三之輪橋商店街，玩家可以花點時間過去逛逛。

★ 珈琲館

　　下車的月台旁是「珈琲館」（KOHIKAN，台灣代理為「客喜康珈琲館」）的三之輪橋分店，店內有兩組座位正對著下車月台，可以看到電車進出的所有動向，鐵道迷們應該會很喜歡——可惜牛奶杰幾次造訪時這兩組座位都已經有客人了，沒能真正享受到此處的窗景。

　　窗邊擺放了 3 輛火車模型，其中有兩輛是荒川線的 8800 型與 9000 型電車，另一輛則是 311 地震中受損的三陸鐵道 36-100 型，讓人不禁猜想：店家的用意應該是為了東北復興而打氣吧！

作者私語

　　從三之輪橋站步行到地鐵日比谷線的三之輪站（三ノ輪駅）出入口，約有 250 公尺的距離，若不想走路前往，玩家也可以轉搭「草 43 系統」的路線巴士，約 10 分鐘就能抵達淺草一帶了。

這條路線順道搭

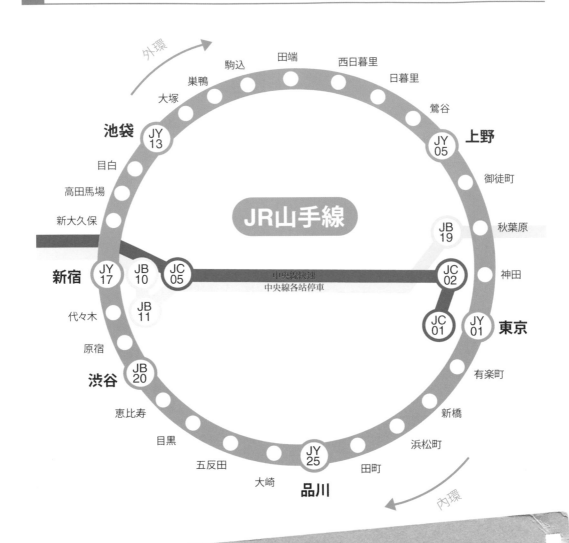

外環

駒込　田端　西日暮里

巣鴨　　　　　日暮里

大塚　　　　　　　鶯谷

池袋 JY13　　　　　　JY05 上野

目白　　　　　　　　御徒町

高田馬場　　　　　　　JB19　秋葉原

新大久保　　JR山手線

新宿 JY17 JB10 JC05　中央線快速　JC02 神田
　　　　　　　　中央線各站停車

代々木　JB11　　　　JC01 JY01 東京

原宿

渋谷 JB20　　　　　有楽町

恵比寿　　　　　　　新橋

目黑　　　　　　浜松町

五反田　　JY25　田町

大崎　　品川　　　內環

作者私語
　　JR 山手線自 1971 年之後，就不曾再增加過車站，但這次為了配合東京奧運，將在 2020 年春天啟用新站。新車站的名稱未定，會設在品川站和田町站之間，並作為 JR 京濱東北線的其中一站。
　　車站建築則由日本知名建築師隈研吾操刀，將採用「摺紙」的概念，以大量木材和玻璃營造出充滿現代和風的風格；內部會設置購物和餐飲設施，周邊也將結合商業大樓、各類商場和飯店等，機能性極佳。

\ JR 山手線 /

　　JR 山手線可說是東京最重要的一條鐵道路線，即便沒去過東京的朋友，應該也曾耳聞它的名號。山手線的列車巡迴於東京、新橋、品川、澀谷、原宿、新宿、池袋、上野，與秋葉原等重要節點。

　　跑完整個橢圓形的環狀線約需 1 小時，乘客可以自由選擇以順時鐘（外回）或逆時鐘（內回）的方向搭乘；如果不小心搭錯方向或坐過頭，則看是要下車往反方向換車，還是乾脆讓列車繞一圈後到達目的地。東京高密度的鐵路網令人讚嘆，玩家若搭乘山手線列車繞行一圈，途中轉乘其它鐵道路線的可能性可是超過 100 種喔！是不是相當驚人呢？

環狀的 JR 山手線，可說是東京最重要的一條鐵道路線！搭山手線列車（高架）繞行一圈，途中的轉乘可能性超過 100 種，十分驚人。

06 More Fun!
這些地方順路遊

\ 東京 /

東京作為日本的首都與最大城市,充滿各種新鮮有趣的事物,極具觀光魅力,總是吸引喜歡不同主題風格的玩家造訪。無論是要追逐頂尖的時尚潮流,或想沉浸於沁心慢活的悠閒氛圍,都能在東京找到適合的去處。對於初次造訪東京的玩家,牛奶杰建議不妨到淺草、台場以及明治神宮等,具有不同東京代表風貌的地方走走。

淺草寺又名「金龍山淺草寺」,是東京都內歷史最悠久的寺院;而表參道的入口「雷門」,不僅具有莊嚴的形象,更作為淺草的象徵而聞名海內外。

台場是東京的臨海副都心，相當有未來感。

★ 淺草

淺草是東京較有傳統氣息的觀光亮點，觀音寺周圍與正面的仲見世通商店街，有許多具在地特色的老店能逛逛；門口的巨大「雷門」燈籠更是熱門打卡地點，相當富代表性。此外，近年十分熱門的東京晴空塔（Skytree）隔著隅田川與淺草相望，也可以安排一道造訪。

★ 台場

台場是建於人工島上的臨海副都心，各種在舊市區礙於場地限制無法好好發揮的大型設施，包括購物中心、電視台、博物館、展覽會場，以及室內的溫泉樂園等，紛紛到此另闢天地，成為近年來非常受觀光客歡迎的熱門景點。

作者私語

淺草的位置離荒川線終點的三輪橋站不遠，兩者之間能靠都營巴士銜接。恰好都電荒川線、巴士，以及往來淺草的地鐵淺草線，均由東京都交通局經營，適用於都營一日乘車券。建議玩家在當天的行程中，優先選搭乘都營的交通工具，以節省車資。

從淺草往台場可以搭船，或搭地鐵淺草線至新橋站，再轉乘無人駕駛的「百合海鷗號電車」，經彩虹大橋渡海抵達。

★ 明治神宮

　　JR 山手線原宿站旁的明治神宮，是為了供奉明治天皇所建，他在位期間（1867～1912 年）帶領日本從傳統的封建社會朝工業發展改革，徹頭徹尾改變了國家的風貌。日本當局為此保留了一塊都心內的森林作為神宮內苑腹地，如今也成為都內的重要綠肺。

　　森林中有部份人工栽種的林木，特別選擇來自日本、台灣與朝鮮等地的樹種，意義深遠；神宮的第一、二代鳥居木材皆取自台灣，更是過去歷史的另一道見證。

明治神宮為供奉明治天皇所建，保留了大片森林綠地。

★ JR 原宿站

　　JR 原宿站有都內罕見的英國鄉村式木造站房，加上兩座特別的臨時月台，本身就值得大書特書、好好介紹。而車站南北兩個出入口，分別對應著表參道與竹下通，前者是國際精品潮流聖地，後者則是青少年的次文化聚集地，各種風貌的路線集結在一塊，再度突顯了東京的多元魅力。

★ 東京近郊

　　想到郊外感受關東地區的另一種旅遊風情嗎？鄰近的伊豆半島或箱根都是相當不錯的選擇喔！從東京都心出發，只要不到 3 小時便能抵達深山中幽靜的溫泉鄉，享受全身心的放鬆。

作者私語
　　JR 原宿站的表參道出口，是都內罕見的英國鄉村式木造風格，黑瓦斜頂及八角圓型鐘樓的設計相當特別，站牌還是傳統的木匾形式。此外，這也是東京現存最古老的木造火車站，從大正時代啟用至今已有 90 多年的歷史呢！

Day1	Day2	Day3

出發
JR 山手線大塚站

搭都電至
東池袋四丁目站

豐島區役所空中花園

徒步 5 分鐘

池袋太陽城
（展望台、水族館、購物商場）

搭都電至鬼子母神前站

鬼子母神堂、糖果店、雜司谷手創市集
（每月的第三個星期天）

徒步 15 分
（途經學習院大學）

切手（郵票）博物館

徒步 15 分
搭都電至早稻田站

早稻田大學、東京聖瑪利亞主教座堂

搭都電返回大塚站

解散
JR 山手線大塚站

出發
JR 山手線大塚站

搭都電至
王子站前站

Hoku Topia 的展望台

徒步 5 分鐘

印刷局紙幣與郵票博物館

徒步 5 分鐘

音無親水公園

徒步 3 分鐘

飛鳥山公園、飛鳥山博物館、紙博館、澀澤史料館

搭都營巴士至舊古河庭園

舊古河庭園

搭都營巴士至駒込站

解散
駒込站
（可轉搭 JR 山手線或地鐵南北線）

出發
JR 山手線大塚站

搭都電至
庚申塚站

巢鴨地藏通商店街

搭都電至荒川車庫前站

都電荒川車庫

搭都電至荒川遊園地前站

荒川遊園地

搭都電至荒川區役所前站

遠眺東京晴空塔

搭都電至三之輪橋站

三輪橋商店街

解散
① 上野站（JR 山手線）
搭地鐵日比谷線至上野站

② 淺草
搭都營巴士至淺草

住宿推薦

★東池袋四丁目站

位於池袋站西口的 BOOK AND BED TOKYO（東京書香入夢旅館）人氣相當旺，將膠囊旅館的床位設於書架背後的獨特巧思，讓旅人、讀者休息時能伴著書香入眠，「Have a book dream！」。

★南千住

想要愜意地暢遊荒川線，可以安排一整天、甚至是兩天一夜的時間，而離都電終點三輪橋站不遠的南千住一帶，便是玩家留宿的好地方。

南千住位處台東區、荒川區的交接地帶，過去曾是地價疲軟的下町區域，因此成為平價旅館與青年旅社的聚集處，頗受海內外玩家歡迎。在這一帶不用 3000 日元便有機會住到約 3.5 張榻榻米大小的乾淨單人房，團體的上下鋪床位當然就更便宜了！

作者私語

在 JR 與地鐵南千住站北側的南場陸續開發後，南千住的生活機能更超完整，想到 UNIQLO 等連鎖商店購物也不一定要往市區擠。此外，以往在南千住的巷弄中，常可見到街友停留，甚至在電線杆下過夜；但這類畫面如今已減少許多，大致上沒有安全疑慮，玩家們旅行時保持一般的警覺心即可。

★東京聖瑪利亞主教座堂

羅馬天主教將日本分成東京、大阪與長崎3個教省（教会管区），而離都電早稻田站約1公里的東京聖瑪利亞主教座堂，是東日本的信仰中心，約有10萬名天主教徒。

原有的教堂在空襲中燒毀後，1955年委託日本知名的建築師丹下健三設計重建，這座大量採用金屬建材的新教堂，在超過半世紀後的現在來看，仍是相當前衛的代表性建築呢！

★舊古河庭園

古河庭園原為古河財閥創辦人──古河虎之助男爵的邸宅，以洋風建築搭配外圍的西式和日式庭園，相當富麗堂皇。其中，日式庭園的設計者還是近代庭園名家──第七代小川治兵衛喔！

洋館於1919年落成，1956年成為都立公園對外開放，如今已是東京具代表性的西洋宅邸，玩家們可藉此窺探大正時期富裕人家的生活樣貌。

作者私語
古河財閥是日本十五大財閥之一，旗下有許多企業，名聲最響亮的應該屬電子商務設備領導品牌「富士通」了。

\ 荒川遊園地前站 /

★荒川遊園地

這裡是都內僅存的公營遊樂園，開幕至今已超過90年，從荒川遊園地前站下車後，徒步3分即可抵達。園區內的空間約有1萬坪，設置了摩天輪（直徑26公尺）、雲霄飛車、旋轉木馬，與旋轉咖啡杯等機械遊樂器材，還有迷你馬和戲水池等設施，至今仍相當受附近與都電荒川線沿途的小朋友歡迎。

園內保存了一輛6000型的電車，這輛電車因為有一顆大大的頭燈而被稱為「一球先生」；另外還有一棟「下町都電迷你資料館」可參觀。

作者私語
荒川遊園地的入園門票為成人200日元、兒童100日元（遊樂設施另外收費），但只要憑紙本的都電一日乘車券，就可以免費入園喔！

東急世田谷線

東急在世田谷區經營的世田谷線，也常被認為是路面電車系統，但世田谷線目前已全線皆為專用軌道區間，沒有上馬路和車輛並行的狀況。牛奶杰比較喜歡將它歸類為一種特殊規格的鐵道路線，但非路面電車，這點會跟一般的定義不太一樣。

★福扇章魚燒

　　巷弄中的「福扇」（ふく扇）離荒川遊園
地前站僅 2 分鐘的路程，是荒川區在地居
民都知道的章魚燒小舖，招牌「蝦餅章魚燒
（たこせん）」十分特別，以上下兩片半圓形
的蝦餅夾著章魚燒來吃，一次能品嚐兩種美
味和不同層次的口感，相當令人滿足。

用蝦餅夾章魚燒一起吃是十分特別的經驗

價格：蝦餅章魚燒（たこせん）120 円
　　　傳統章魚燒（たこ焼き）14 顆 500 円
地址：東京都荒川區西尾久 6 丁目 29-7
營業時間：12:00 ～ 19:00（不定休）

02

Japan Rail

伊豆クレイル

（IZU CRAILE）

　有幾個理由，讓牛奶杰一直錯過伊豆半島之旅：首先，在我的印象中，「伊豆半島」是個富有文雅氣息的地方、適合成熟穩重者的旅行去處，跟以前那個喜歡快節奏的自己調性不大相符。其次，儘管伊豆離首都圈不算遠，但行政疆域已屬於靜岡縣境；而靜岡傳統上被視為東海地區的一部分，因此每每在籌備首都圈與關東的行程時，常會不自覺將其忽略。

　直到 2016 年的夏天，由於 JR 東日本在此投入全新的觀光列車，讓牛奶杰決定專程跑一趟伊豆半島取材（殊不知一試成主顧，不久後又帶了妻小家人前往度假）。

伊豆CRAILE路線圖

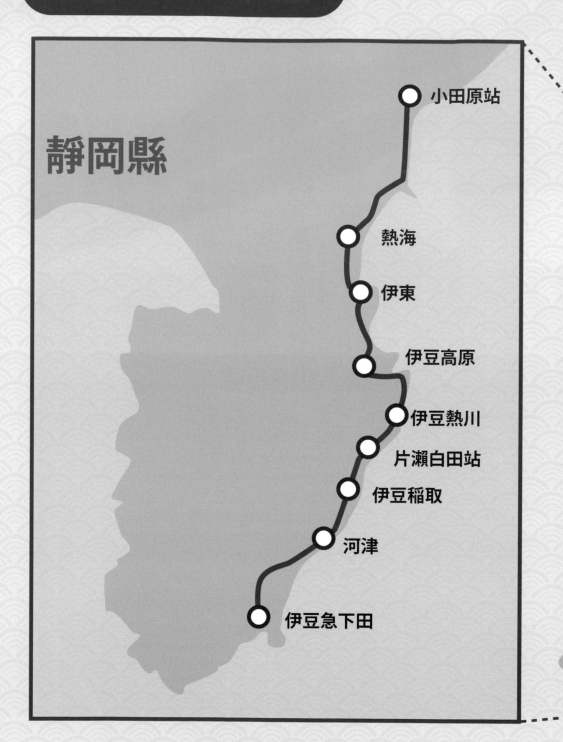

靜岡縣

小田原站

熱海

伊東

伊豆高原

伊豆熱川

片瀬白田站

伊豆稻取

河津

伊豆急下田

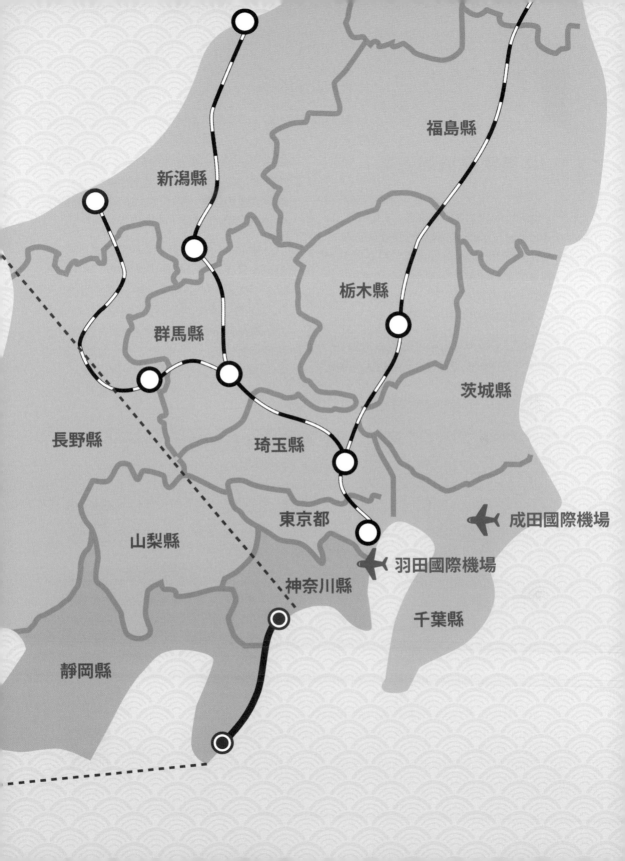

福島縣

新潟縣

栃木縣

群馬縣

茨城縣

長野縣

琦玉縣

東京都

成田國際機場

山梨縣

羽田國際機場

神奈川縣

千葉縣

靜岡縣

買這張票最划算！

＼ JR 東京廣域周遊券 ／

　　外國玩家若想搭乘伊豆 CRAILE 列車遊玩，使用「JR 東京廣域周遊券」（JR TOKYO Wide Pass），應該是最經濟實惠的方法了。這張企劃票由 JR 東日本發行，可在旗下的主要車站現場購買，但使用者必須是持「短期滯在」身份的外國人（包含一般的觀光客），購買時請記得出示護照。

　　使用這張票券，玩家可在連續 3 天的有效期限內，於東京及周圍的關東地區不限次數搭乘各級 JR 東日本的列車；此外，也能搭乘 JR 旗下的新幹線，還允許劃位喔！（惟東京往來小田原、熱海方向的東海道新幹線由 JR 東海負責營運，不適用本券。）

　　雖然 JR 東京廣域周遊券名義上是 JR 東日本的企劃票，但也開放搭乘「伊豆急行線」、在日光與鬼怒川一帶的「東武電鐵」，以及往河口湖的「富士急行電鐵」，彈性很大，幾乎包含首都圈外圍幾個觀光客們常造訪的郊外景點，CP 值非常高。當然，想去 JR 自家路線可及的輕井澤也不是問題。

JR 東京廣域周遊券 JR TOKYO Wide Pass

- ¥ 價格：成人 10,000 円／兒童（6～11 歲）5,000 円
- 販售地點：
  成田機場、羽田機場，和東京、池袋等主要車站的 JR 東日本旅行服務中心
- 注意事項：需出示護照購買，且具「短期滯在」身份，方可使用。

箱根周遊券

- ¥ 價格：照距離計算，出發地不同，售價不同（詳細請參照官網）
  【從小田原出發：2 天】成人 4,000 円／兒童（6～12 歲）1,000 円
  【從小田原出發：3 天】成人 4,500 円／兒童（6～12 歲）1,250 円
- 販售地點：新宿車站的小田急旅遊服務中心、小田急線各站的自動售票機
- 注意事項：
  ① 只能搭乘小田急線區間電車來回 1 趟（出發站～小田原站）
  ② 無法在下述 7 種交通工具之外的巴士、船舶或觀光巴士使用：箱根登山電車、箱根登山車（箱根登山ケーブルカー）、箱根纜車（箱根ロープウェイ）、箱根海賊船、小田急箱根高速巴士、箱根登山巴士（包含觀光景點巡遊巴士）、沼津登山東海巴士（沼津登山東海バス）。

\ 箱根周遊券 /

　　至於小田急集團在箱根地區經營的巴士、纜車、登山電車交通工具，則都可以憑「箱根周遊券」無限次數搭乘。牛奶杰認為，搭乘這些交通工具不僅是移動的「過程」，而是旅人們來到箱根時的體驗活動之一呢！

作者私語

　　由於伊豆 CRAILE 列車為全車 Green Car，若持普通等級的票券搭乘得額外支付 Green Car 指定席費(JR 東京廣域周遊券沒有 Green Car 版)。舉例來說：如果從小田原搭到下田，須另外負擔 1,780 日元，從伊東到下田則要多付 980 日元。

　　玩家如果想體驗伊豆 CRAILE 列車的套裝服務，也可以向旅遊業者洽購套裝行程，一般是來回車票+用餐+溫泉旅館一泊二食的套裝，兩人成行的單人價格約 15,000 日元起。

MILK

About here!
伊豆CRAILE，原來如此！

伊豆溫泉與雅致的悠閒氛圍

　　提到伊豆的觀光資源，我想最重要的賣點有兩項，其一是溫泉，其二則是悠閒雅致的氣氛。伊豆一帶的溫泉區分散在半島的各個角落，JR 伊東線與伊豆急行線沿途的幾個主要車站外頭，都散布著多家溫泉旅館，所以它不像箱根、草津或有馬溫泉等地，會將遊客集中在城鎮的溫泉區。也正因如此，到這裡度假時鮮少會遇到遊客爆滿、人擠人的場面，那種悠閒的氣息相當難能可貴。

作者私語

　　伊豆半島的地形以山地和丘陵為主，平地面積較少，所以半島的中央地帶仍保有天然森林，較少高密度的人為開發。遊客們可以在林間漫步，享受自然的原始風貌，徹底放鬆心情。

駿豆線 & JR 伊東線

　　伊豆半島被中央的山丘阻隔為東西兩半部，雙面各有一條南北向的鐵道路線縱貫。西側是伊豆箱根鐵道的「駿豆線」，可以連結 JR 東海道本線與 JR 東海道新幹線的 JR 三島站，終點為修善寺站。2016 年的熱門日劇《月薪嬌妻》中，男、女主角——平框和實栗就是搭乘該路線去享受溫泉之旅的喔！

　　至於半島的東側，則有從 JR 熱海站向南延伸的「JR 伊東線」，它在 JR 伊東站以北屬於 JR 東日本的範圍，以南能夠直通伊豆急行電鐵（通稱「伊豆急」）的區間，抵達伊豆急下田站。

伊豆急行電鐵

　　伊豆急是東急電鐵集團的子公司，雖然東急跟 JR 東日本在東京與橫濱間是競逐通勤客源的對手，但在這裡卻是唇齒相依的合作夥伴，協力將顧客由熱海送往伊豆半島的沿途各處。這麼看來，商場上果然沒有永遠的敵人或盟友呢！

優雅的粉色系觀光列車

2016 年春季，JR 東日本為伊豆半島全新改裝的觀光列車正式上路──伊豆 CRAILE 列車（伊豆クレイル，IZU CRAILE）行駛於伊東線與伊豆急區間，在小田原站與下田站之間往返。伊豆 CRAILE 列車由 651 系電車改裝，這款電車過去多擔任 JR 常磐線上的特急列車勤務，在有新款車輛服役後開始淡出舞台，JR 便將其中一組加以改造，投入伊豆半島服務。

伊豆 CRAILE 列車的改裝設計，主要走玫瑰金與粉色系的視覺路線，車身內外都顯得相當優雅，不像一般交通工具給人的鋼硬感，應該是 JR 想藉此吸引女性顧客的注意。而牛奶杰實際搭乘時發現，這個策略應該有奏效，乘客當中除了家族旅行與夫妻情侶之外，也有些許女性好友結伴出遊的組合。

伊豆 CRAILE 列車僅有 4 節車廂，1 號車廂與 3 號車廂規劃為餐車的功能，設有開放空間與 2 人或 4 人包廂，搭配旅行社的套裝產品一起銷售。2 號車廂有一半空間為吧台，供應簡單的輕食與飲料，另一半則是沙龍空間，可以讓全車旅客自由使用。4 號車廂裝設了一般特急座椅，是接受散客劃位的指定席空間。

官網有提供車內的 Google Street view 畫面喔！

4 號車廂是一般特急座椅的指定席空間

伊豆 CRAILE 列車的 1 號車廂
與 3 號車廂爲餐車

2 號車廂設計成吧台與沙龍的複合空間

作者私語

　　伊豆 CRAILE 列車在運行時刻表方面設定爲「快速列車」，因此乘客僅需支付基本的運費，免收特急費。不過全車的 4 節車廂皆爲 Green Car，因此散客若以普通車廂等級的「JR Pass 全國版」或各款「JR East Pass」劃位，想入座 4 號車廂的指定席，還是得另外負擔 Green Car 的費用喔！

MILK

03

What's special?
「這裡」最特別！

📍 特急踊子號

　　特急踊子號（踊り子）是多數造訪伊豆的遊客都會搭乘的老牌列車，名稱的「踊子」來自日本文豪──川端康成的名著《伊豆的舞孃》（伊豆の踊り子），目前仍為特急班次的主力。

　　特急踊子號的擔當是 JR 東日本陣營中頗有年歲的 117 系電車，每組多由 10 節車廂編成，且泰半車廂皆為指定席，自由席僅佔少數；然而 117 系年事已高，JR 目前也規劃逐步用 E257 系將其取代。

　　特急踊子號有 7 節車廂、10 節車廂兩種編制；且由兩組列車組編，從東京始發的列車行駛到熱海後，有一組會直接通往伊豆急下田，另一組則發往修善寺，請玩家們特別注意。

特急踊子號是伊豆的老牌列車，目前仍是特急班次的主力！

★ 超景踊子號
Super view Odoriko

在伊豆 CRAILE 登場前，玩家造訪伊豆時的第一首選，莫屬「超景踊子號」（スーパービュー踊り子）列車了！這款於 1990 年上路的 251 系電車，可說是專門為了觀光路線所打造，不但特別挑高車廂甲板，還增加了車窗的面積，為乘客提供更寬廣的視野。

這款每組由 10 節車廂組成的列車，在頭尾的 1 號車廂與 10 號車廂都有雙層甲板，駕駛室背後的座椅更設計成階梯狀展望席，讓乘客們能夠欣賞列車行駛前後端的景觀。

1 號車廂的下層設置了 Green Car 的沙龍，10 號的下層則是兒童遊戲室，父母們可以放心讓小朋友在此玩樂，不用擔心他們因坐不住而哭鬧影響其他乘客，可說是相當貼心的度假列車呢！

作者私語
超景踊子號是全車指定席，要預先劃到座位才能上車喔！請玩家們特別注意！

251 系超景踊子號讓乘客享有更寬廣的視野

超景踊子號的頭尾車廂做了雙層設計，上層是視野開闊的展望席，下層為 Green Car 的專屬包廂及兒童遊戲室。

⭐ 黑船電車

伊豆急近期最具代表性的車款，是從 1985 年開始投入服務，通稱「Resote 21」（リゾート 21）的 2100 系電車。這系列車款內部的頭尾也設有展望席，中間車廂則多了一點巧思，將部份面海座位轉向為與車窗平行，讓乘客們能夠更舒適地飽覽伊豆半島的美麗海景。

其中，有一列 R-4 的編組以黑船為概念設計成「黑船電車」，是伊豆急的招牌列車。外觀全黑的塗裝相當特別且搶眼，車內還裝飾了許多江戶時代的歷史圖文解說，頗有寓教於樂的趣味性呢！

黑船電車是伊豆急的招牌列車，頭尾也設有展望席。

列車內部有各種組合的座椅配置，能滿足個人、雙人或團體的搭乘需求，讓乘客舒適地飽覽窗外景致。

黑船電車造型的包裝十分可愛，有看到的話，不妨買盒點心當作土產喔！

搭伊豆 CRAILE 玩什麼？

\ 小田原站 /

　　小田原特殊的地理位置，讓它無論就天然地勢、人文歷史或現代交通建設來講，都是值得好好介紹的地方。小田原市的西側與北側是山地，距離富士山頂的直線距離僅約 40 公里；東南是相模灣的海面，東北側則是整個廣大的關東平原。

　　位處山地與平原接壤處的它，是首都圈外圍的一個重要轉車樞紐，JR 東海道新幹線、JR 東海道本線與小田急電鐵都會在這裡匯集。無論玩家是從東京、新宿、橫濱等地點出發，若要前往伊豆或箱根溫泉區旅遊，都會先經過這裡；想搭乘伊豆箱根鐵道的大雄山線，也是在此轉乘。

伊豆クレイル専用ラウンジ
IZU CRAILE LOUNGE

作者私語

　為方便遊客串連箱根與伊豆的行程，JR特地將伊豆CRAILE的起點拉到小田原站，並在車站的付費區內設立了一間專屬的候車室，只有持當日伊豆CRAILE去程車票的乘客可以使用，開放時間為發車前的70～10分鐘。儘管只是一個面積不大、佈置相當簡單的空間，但「擁有專屬候車室」這點，在現代已經是很罕見的高規格待遇了！

★小田原城

　　小田原城在日本戰國時代，曾是久攻不
下的名城；但它卻在 1923 年時，因關東大
地震損毀嚴重。我們目前看到的天守，是後
來完成的復興成果，內部闢為歷史展示間供
遊客參觀；小田原城的位置距離車站不遠，
步行前往僅需 10 分鐘。若由站房的 2 樓，
或伊豆 CRAILE 的專屬候車室向西方望去，
也能看見天守的輪廓喔！

➤ 從伊豆 CRAILE 的專屬候車室或站房 2 樓，
都能眺望小田原城天守。

難攻不落之城

　　盤據小田原的北条家以小田原城為基地，抵擋了來自各方的大軍，並將整個關東平原納入自家勢力範圍，擁有充足的糧草與經濟實力。豐臣秀吉在 1590 年發動小田原之戰時，號召各方勢力，總共動員了 20 萬兵馬，將北条家在小田原城周圍的支城一一攻破；甚至在對面的山頭趕建石垣山城與小田原城相望，耗費 3 個月才迫使北条家開城投降。

\ 伊東站 /

　　伊東站為 JR 伊東線的終點，與伊豆急行鐵道的起點，伊豆 CRAILE 便是由此正式進入伊豆急的私鐵路線範圍。伊東市作為靜岡縣最東端的城市，也是伊豆半島東岸的主要城鎮，市區面對著相模灣，市內的海濱走廊則取了一個相當有趣的名字——「橘子海灘」。

★東海館

　　伊東站前有一塊小小的市區，周圍數間溫泉旅館林立，其中，流經市區沿岸的松川旁，有棟已經超過百年歷史的木造溫泉旅館「東海館」。

　　這間被指定為東海市有形文化財之一的東海館，現在已經不再提供住宿，僅於週末及國定假日開放溫泉入浴，平日則作為歷史展示室供遊客參觀。館內設有喫茶區，參觀完或泡湯後，不妨來杯抹茶搭配日式點心享用喔！

★伊東 K's House

　　想體驗在百年旅館住宿的玩家也不要氣餒，東海館隔壁的另一棟百年旅館，如今改成了青年旅社的經營方式，迎接來自海內外的旅人，是 CP 值相當高的住宿選擇，值得推薦！

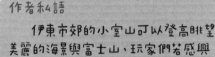

作者私語
　　伊東市郊的小室山可以登高眺望美麗的海景與富士山，玩家們若感興趣的話，可以搭乘路線巴士前往喔！

\ 伊豆高原站 /

伊豆高原站是伊豆急行鐵道的大本營，車輛基地就設在車站旁，部份班車會以此為起訖點；從熱海直通下田的普通車也常在此摘掛車廂，僅留最前端的兩節繼續前行。伊豆半島上的部份溫泉旅館，會安排接駁巴士到伊豆高原站接送客人，如果是只打算當日泡湯不過夜的玩家，也可以選擇旅館的「日歸溫泉」方案喔！

★赤澤溫泉旅館

赤澤溫泉旅館是當地著名的業者之一，甚至專門規劃了一棟「赤澤日歸溫泉館」（赤沢日帰り温泉館）接待不過夜的旅客，並提供免費接送服務。館內日歸溫泉的露天風呂

以無邊際水池的概念設計，客人可以居高臨下地俯瞰優美的海灣景色，視野好的沒話說！此外，旅館本身與美妝保養品牌 DHC 關係密切，因此室內的全套備品也均為 DHC 產品，是另外一大特色。

＼片瀨白田站／

　　伊豆急行線在片瀨白田站與伊豆稻取站之間，是最靠近相模灣海岸的區間，與海中的「大島」彼此相望。在川端康成的《伊豆的舞孃》中，舞孃就是來自伊豆大島。

★曙光列車

　　在每年元旦跨年迎曙光的熱潮中，JR 東日本與伊豆急也會增開從首都圈出發往伊豆半島的曙光列車。其中，伊豆急負責的「伊豆初日の出号」猶如郵輪列車，會安排在片瀨白田站停車 50 分鐘，讓乘客們下車步行前往附近的白田海岸，迎接從相模灣升起的日出；當大家心滿意足地回到車上後，再繼續開往下田。

有興趣到日本跨年的玩家，
不妨留意一下曙光列車的訊息，
提前安排行程喔！

\ 伊豆急下田站 /

伊豆 CRAILE 列車的起站小田原，是東洋武士戍守的戰國名城；列車終點的下田，則有著完全不同的歷史意義——作為西洋海軍船堅炮利的代表，下田以「日本開放與西方列強交流」的地點而著稱。

黑船來航（黑船事件）

1853 年，美國海軍將領佩里（M.C.Perry）率領 4 艘軍艦駛進江戶灣，遞交國書要求幕府開國開港；並於隔年再度率 7 艘軍艦訪日，雙方在橫濱簽署《神奈川條約》（日本通稱《日美和親條約》）。日本被迫開放下田與涵館兩座港口對美通商，並給予片面最惠國待遇，其後各國列強陸續跟進；日本自此結束鎖國，正式與荷蘭以外的西方國家展開接觸。

位於佩里之路尾端的了仙寺，曾為日本與美國商討外交條約的地方。

佩里的登岸處，如今設有一座他的半身胸像，作為雙方友好的和平紀念（即便美日雙方後來還是在太平洋上大戰了一場）。此外，下田更與佩里的出生地、美國羅德島洲的新港（Newport）締結為姊妹市。

★佩里之路

佩里登岸後前往了仙寺的途徑，稱為「佩里之路」（ペリーロード），是一條沿著河岸的美麗小徑，擁有充滿歷史情調的街景，也是下田的著名景點。

2016年的日劇「穿越時空的少女」（時をかける少女）中，有幾場重要的戲就是在此拍攝；牛奶杰取材當時，還正好遇到時裝外景隊作業，來這裡為平面模特兒拍攝精品廣告呢！

除了早年獲得特許的長崎港之外，下田與函館因為《神奈川條約》而成為日本最早對外國開放的口岸。而在橫濱簽署完條約後，日美雙方移駕到下田的了仙寺，共同商討條約的附帶細則。有趣的是，無論是雙方會談的地方，或是領事館的座落位置，均為下田當地的佛教寺院，而非某些氣派的西洋建築——畢竟那時當地還沒有所謂的西化建築嘛！

佩里之路的左右兩側，有許多石造倉庫
與木造屋舍，年代已相當久遠，或許曾見證
過當時的歷史畫面。小徑旁的「草畫房」（草
画房）則是間非常有個性的咖啡店，只在週
末假日營業，平日登門的話會撲空喔！

咖啡館草畫房只在週末假日營業，非常有個性！

不吃太可惜！

🍴 金目鯛生魚片

　　玩家若有機會來到伊豆，可別錯過本地
著名的現捕現撈海產──金目鯛（キンメダ
イ），各種在地美食都與這種魚密切相關。
其中，市街裡的「なかがわ」（Nakagawa）
是本地著名的海鮮餐廳，金目鯛生魚片就是
店內的招牌餐點。

¥¶ 金目鯛漢堡

　而對吃生魚片有顧忌的玩家，則可以到
下田的「道之驛」（道の駅開国下田みなと）
裡頭，找找「Ra-maru」這間非連鎖的漢堡
店。這裡特別研發出了一款「下田漢堡」（下
田バーガー），可能是日本唯一能吃到「金
目鯛漢堡」的地方，相當值得一試！

　道之驛本身是一棟接近海港的兩層樓
建築，從伊豆急下田站步行約 12 分鐘即
可抵達，除了 Ra-maru 之外，還有迴轉
壽司與多家地方特色餐廳，可供遊客自由
選擇。品嚐完美味的餐點後，也能逛逛道
之驛裡頭的海事博物館，或農特產展售中
心。

🍴 伊豆 CRAILE 的 車上餐點

伊豆 CRAILE 列車有 4 節車廂,雖然 1 號車廂與 3 號車廂皆設置了用餐空間,不過目前僅提供旅遊套裝行程使用;乘客得向旅行社購買包含住宿、乘車與車上用餐的套裝行程,才有機會品嚐伊豆 CRAILE 列車的專屬餐點。

不過散客們也別擔心,2 號車廂的吧台有提供三明治等輕食、甜點、咖啡、果汁、啤酒、葡萄酒,與簡單的佐酒料理,所有人都能自由選購。乘客能購買後端回 4 號車的座位品嘗,也可以留在 2 號車箱的自由空間享用,氣氛相當輕鬆愜意;2 號車廂在返程時還會有爵士樂的現場演出喔!

作者私語

有機會搭乘伊豆 CRAILE 的玩家,就別先買好食物再上車了,多留些餐點預算與肚子的空間,來試試這裡的美味餐點吧!

MILK

這條路線順道搭

\ 箱根登山鐵道 /

　　暢遊箱根最簡單的方法，就是搭乘箱根登山鐵道的電車，並連續轉乘多種同屬小田急集團的交通工具，過程猶如親身參加一場「箱根交通工具博覽會」呢！

　　登山電車從 JR 與小田急的小田原站出發，經箱根湯本站上山（這段從箱根湯本到強羅的區間於 1919 年開通，已即將屆滿一世紀了。）挑戰千分之八十的陡坡——日本無齒軌鐵道的最陡關卡。途中在出山號誌站、大平台站，與上大平台號誌站，還得經

作者私語

　　大井川鐵道有座千分之九十的陡坡，但屬於 Abt 式齒軌，而根鐵軌之間還是有一組齒輪軌道讓機車頭咬合登山，因此箱根登山鐵道千分之八十的陡坡，才是日本無齒軌鐵道中最陡峭的關卡喔！

歷 3 次折返行駛，以「Z」字形路線的方法迂迴向上，朝終點強羅站爬升。從小田原站到強羅站的距離僅 15 公里，電車卻得爬高530 公尺，這對傳統的火車而言是項很艱辛的挑戰；但對旅人來說，則意味著一場精彩的登山鐵路之行！

來到強羅站之後，「箱根交通工具博覽會」才進行到一半，玩家可以接著轉乘在地面鋪軌爬行的「箱根登山纜車」，以及高空懸吊的「箱根空中纜車」前往桃源台站。桃源台的纜車站底下就是碼頭，在此登上蘆之湖的「海盜船」後，便能巡迴航行於箱根町港與元箱根港等碼頭，在船上就能看到箱根神社的湖中鳥居。除此之外，玩家若想往來箱根各景區，也可以仰賴「箱根登山巴士」。

搭乘箱根空中纜車時，能夠由空中俯瞰大涌谷一帶的地熱景觀──日本人稱為「地獄谷」的惡劣火山環境；天氣晴朗時，也能從纜車眺望富士山喔！

06

More Fun!
這些地方順路遊

\ 箱根溫泉 /

　　箱根是東京外圍的知名溫泉區，座落於從小田原往西北方向走的山區，主要可分為湯本、小涌谷、強羅、仙石原，以及蘆之湖這幾塊區域。由於地熱資源豐富，在這裡除了可以享受溫泉，也有機會從空中纜車上欣賞地表噴煙的火山地質奇景。

　　箱根山中的蘆之湖上，設置了兩座象徵神社入口的鳥居，十分特別。其中較知名的一座，是箱根神社的「平和鳥居」，離原箱根港不遠，玩家們可以步行前往參觀。

作者私語

　　從蘆之湖畔以鳥居與海盜船為前景、富士山為背景所拍攝的照片，是箱根極具代表性的風景；但山上的水氣茂盛，玩家造訪時能否如願看見富士山，就需要一點運氣了！

MILK

箱根神社的鳥居設於
蘆之湖的湖面

\ 箱根町港 /

　　蘆之湖畔的箱根町港周圍，是古時從京都出發循著東海道往東，要進入關東平原的天然隘口，因此江戶幕府在此設立關卡，往來旅人必須取得許可才能通關，猶如現在的邊境檢查。海盜船的下船處附近有座「箱根關所」，裡頭還原了關所當時的環境與氣氛，還有執勤官吏模型，重現江戶時代的風貌，讓遊客們能更了解根箱的歷史。

\ 御殿場 /

　　離箱根不遠的御殿場，是除了小田原之外另一個進出箱根的據點。當地設有大型的 Outlets 暢貨中心，目前已開設超過 200 間店舖（仍在擴張中），吸引了不少買家指名前往。時間充足的玩家，可以將箱根與御殿場的行程一起規劃喔！

箱根關所重現了江戶時代的歷史風采

小王子博物館忠實地呈現了小說中的場景！

\ 主題美術館 /

　　強羅與仙石原一帶有較多可供發展的腹地，吸引了多間具特殊主題的美術館和博物館進駐，例如：玻璃之森美術館、小王子博物館，以及雕刻之森美術館等，讓旅客們的箱根之行不僅有溫泉放鬆身體，心靈也能夠獲得知性的洗滌。

07

Great Itinerary!
跟著達人這樣玩　　伊豆クレイル三日輕旅行

Day1	Day2	Day3
出發 東京站	**出發** 伊東	**出發** 下田
① 搭 JR 東海道線至 小田原站	搭東海巴士至 小室山リフト	**佩里之路、了仙寺、 「道之驛」美食**
② 徒步 10 分鐘	**小室山**	
小田原城	① 搭東海巴士返回伊東站	
	② 轉搭伊豆急電車至 伊豆高原站	① 搭伊豆 CRAILE 列車至 小田原站
① 徒步 10 分鐘	**赤澤溫泉**	② 搭 JR 東海道線 返回東京站
② 搭特急踊子號（Supeu View）至伊東站	搭伊豆急電車至 片瀨白田站	
	片瀨白田海灘	
東海館、橘子海灘	搭伊豆急黑船電車至 伊豆下田站	
伊東過夜	**下田過夜**	**解散** 東京站

★小室山

　　這裡是「伊東八景」之一，山頂標高 321 公尺，擁有 360 度的視野，風景相當好。尤其小室山離海岸不遠，在北面、東面與東南面都可眺望海岸線的景觀。天氣許可時，小室山更是由伊豆半島欣賞富士山的絕佳地方，得以將山海景觀盡收眼底，往南更可遠眺伊豆七島。

　　從伊東站前往小室山，可搭巴士至終點的「小室山リフト站」下車（車程約 23 分鐘，費用 420 日元）接著轉搭開放式纜車（類似滑雪場的纜車）上山。

作者私語
　　在地圖上，伊豆急的川奈站是離小室山最近的火車站，但由車站步行至山腳下約需 20 分，請玩家們自行衡量自己的狀況囉！

Japan Rail

新幹線

　　在台灣的高速鐵路通車營運之前，「日本新幹線」對於我國民眾（無論是否為鐵道迷）而言，有著某種夢幻般的想像。即便是旅行團的出遊行程，也常會安排一段新幹線「體驗」，讓大家嘗嘗搭火車高速飛馳的滋味。

　　如今台灣雖然也有時速動輒300 公里的高鐵列車，新幹線在日本旅遊市場的魅力卻依然不減，因為其賣點早已不只是速度。頻繁的車次密度、高穩定性、轉乘其他交通工具的便利性，以及串連日本許多地區的路網等，使得一般玩家在規劃日本的自助行程時，常會仰賴新幹線進行一段或多段長距離的大移動，轉換不同的遊玩區域。

全日本新幹線路線圖

九州新幹線
山陽新幹線
東海道新幹線
北陸新幹線
上越新幹線
東北新幹線
山形新幹線
秋田新幹線
北海道新幹線

營運中
興建中

山陽新幹線

広島　岡山　京都

博多　　　　　　新大阪

九州新幹線

熊本
新八代

鹿兒島中央

札幌

新函館北斗

北海道新幹線

新青森　八戸

山形新幹線　秋田　盛岡

北陸新幹線　新庄

秋田新幹線

新潟

仙台

福島

金沢

東北新幹線

高崎

上越新幹線

大宮

東京

名古屋

静岡

浜松

東海道新幹線

01

Best Ticket!
買這張票最划算！

∖ 日本鐵路通票 ∕

由於新幹線的車資昂貴，海外玩家憑企劃車票搭乘的話，往往會比單買車票划算許多。至於適合哪一張票券？就看玩家們的移動範圍是否在單一 JR 業者的轄區來考慮了！對於有長距離移動需求、範圍又會跨過多家 JR 會社轄區的玩家來說，「日本鐵路通票」（通稱「JR Pass 全國版」）應該是最值得優先考慮的票券。

JR Pass 全國版可以分別在 7、14、21 天的期限內，不限次數搭乘新幹線在內的絕大多數 JR 各級列車、JR 巴士地方路線等（詳情請洽官網）；還能在上車前先劃好指定席座位，不用擔心搭乘時沒有位子歇腳（劃位次數亦無限制）。

欲使用 JR Pass 全國版的玩家，多半會於入境日本前，先在海外透過代理的旅行社等管道購買「兌換券」（MCO），入境後憑 MCO 與護照向 JR 指定車站兌換為實體 Pass，再開始任意搭車。JR 在 2017 年 3 月至 2018 年 3 月底試辦於境內發售 JR Pass 全國版（可能會延長），但價格昂貴許多，建議玩家規劃行程時預先多方查詢與比較。

此外，因為這是張專為訪日玩家設計的企劃票，所以護照上的入境身份必須是「短期滯在」（短期逗留）的旅客才能使用；倘若是留學生或打工渡假者，則非 JR Pass 全國版的適用對象。

日本鐵路通票（JR Pass 全國版）

¥ **價格：**
普通車廂 ▶ 7 天 29,110 円、14 天 46,390 円
21 天 59,350 円
綠色車廂 ▶ 7 天 38,880 円、14 天 62,950 円
21 天 81,870 円
兒童（6～11 歲）半價 ／ 幼兒（6 歲以下）免費

📍 **販售地點：**國內各大旅行社、KKday、城堡訂房中心等代理平台皆有販售兌換券。

❗ **注意事項：**
僅護照上有「短期滯在」（短期逗留）的旅日訪客可使用

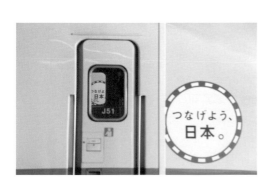

作者私語
　　下面是一個簡單的購票判斷小方法：以7天的行程為例，基本上只要有一趟東京到大阪的新幹線來回，買 JR Pass 全國版就對了！另外，旅行過程中要記得把 Pass 保管好，如果遺失了沒辦法補發，想在日本重新購買則昂貴又耗時呢！

MILK

　　在東海道新幹線、山陽新幹線，與九州新幹線範圍內，憑 JR Pass 全國版不能搭乘停靠站較少的 Nozomi（のぞみ）號與 Mizuho（みずほ）號班次。然而，東海道新幹線上有過半數的班次是 Nozomi 號；憑 Pass 的玩家僅能挑選速度較慢的 Hikari（ひかり）號或 Kodama（こだま）號列車搭乘，它們每小時各約2班車而已，行程規劃上會受點限制喔！

02

About here!
新幹線，原來如此！

自從新幹線於 1964 年通車後，就大幅改變了日本地上交通的風貌。新幹線目前的營運路網總長超過 3000 公里，共設有 109 座車站，像樹葉的葉脈一樣，載著人們快速深入日本各處。如今東海道新幹線的列車班次頻繁，單向 1 小時可以發 14 班車，密度相當驚人吧！

隨著時間的發展，擔當新幹線載客任務的車款，也從早期圓滾滾車身、有著子彈外貌的 0 系列車，一路演進到現役的 N700A 系、E5 ／ H5 系、E6 系，與 E7/W7 系電車等；新改款的 N700S 也將在東京奧運舉辦

的 2020 年商轉。它們的共通特徵是有著長長尖尖的流線造型，以降低風阻和噪音。

作者私語

新幹線目前營運中的路線有：東海道新幹線、山陽新幹線、九州新幹線、東北新幹線、秋田新幹線、山形新幹線、上越新幹線、北陸新幹線，以及北海道新幹線。此外，以磁浮技術運行的中央新幹線，也正如火如荼地興建中。

MILK

JR HOKKAIDO RAILWAY COMPANY

隸屬於 JR 北海道的 H5 系，車身有紫色腰帶配上北海道外型的 logo。

\ 新幹線 v.s. 日本國內航班 /

　　新幹線與日本國內線航班競爭的臨界點，約為 900 公里的距離，或 4 小時的行車時間——如果旅客搭乘新幹線的距離或乘車時間超過臨界值，就會開始流向航空交通。例如：東京到廣島之間（距離 894.2 公里），新幹線與飛機的乘客比例約莫各佔一半；但如果將距離拉長為東京到博多（距離 1174.9 公里），飛機就具有壓倒性優勢了！換句話說，新幹線也不是無往不利的。

	新幹線 Nozomi 號	日本國內航班 （含預先報到和地面交通）
東京→廣島 （距離 894.2 公里）	4 小時又 1 分鐘	3.5 小時
東京→博多 （距離 1174.9 公里）	5 小時又 9 分鐘	3.5 小時

東海道新幹線的列車單向 1 小時
可以發 14 班車！

東京與大阪兩大都會之間，新幹線
與航空交通都很熱絡。

此外，也有像東京與大阪兩大都會之間這種比較特別的案例。一方面，由於市場需求非常強勁，新幹線的容量已趨近飽和，無法完全吃下所有乘客；二方面，東京與大阪正好都設有鄰近市區的機場，且兩種交通方式需耗費的時間皆為 2 小時 50 分左右。所以，雖然東京到大阪間的距離僅約 550 公里，航空班次依然非常頻繁，沒有被新幹線整碗端走。即便是近幾年新興的廉價航空，得在離市區較遠的成田機場和關西機場起降，依然有不錯的載客表現呢！

所費不貲的陸上霸主

雖然新幹線擁有陸上霸主的地位，在距離分水嶺以內的市占率難以撼動，但車資其實並不便宜。舉例來說：從東京站到新大阪站，若搭新幹線的 Nozomi 號，單程費用為 13620 日元（約 3700 元新台幣），可能還高於搭廉價航班出國旅遊的機票費用；倘若一家四口出遊來回都搭乘新幹線，開銷更是可觀。因此，不難想見新幹線車廂內的乘客，有一定比例是身著西裝公出的商務人士——昂貴的車資就由公司買單囉！至於花自己荷包出遊的旅客，則可能會流向日本方興未艾的廉價航空國內航班。

外國遊客專屬的超值優惠

對於外國遊客來說，新幹線無疑是方便穩定的交通工具。許多位於東北或九州的城市與景點，雖然沒有從國內直飛的班機，但藉由搭乘新幹線再轉乘其他交通工具，就能便利地快速抵達。尤其外國玩家能使用超值

的「日本旅遊通票」（JR Pass 全國版）等企劃車票，靠著這張無敵的護身符，連許多日本居民礙於高額車資難以想像的行程都能夠實現。所以日本的鐵道玩家，或是在日留學的外國人，對外國玩家常懷著一股羨慕又嫉妒的情緒呢！

作者私語

　　日本許多公司願意負擔的交通費，不僅限於員工因公出差的行程，也包括員工日常的通勤費用，因此有部分通勤客每天都固定搭乘新幹線上下班。上越新幹線更投入了全車 8 節雙層編組的 E4 系列車，必要時還會將兩組串連，形成 16 節雙層列車的地上巨龍，全車可提供 1634 個座位，堪稱地表最強的陸上交通工具。

新幹線的車資頗高，在都會區之間移動的車資，可能比廉價航空的出國機票還貴。

「這裡」最特別！

⭐ 現美新幹線

如果要推舉目前線上最特別的新幹線列車，非 JR 東日本的「現美新幹線」不可了！這輛行駛在上越新幹線路線的特殊式樣列車，於 2016 年 4 月底正式上線，雖然並非嶄新的車款，卻讓已樹立超過 50 年的「新幹線」招牌有了不同的想像——不再單純講究速度。這是班讓人想「待久一點」的新幹線列車，因為「現美新幹線」不僅是交通工具，更是一座行動美術館！

現美新幹線所行駛的上越新幹線，連結了首都圈與日本海側的新潟。新潟在日本文豪川端康成筆下有「雪國」之稱，從東京搭車到新潟，本身就有著進入完全不同地域的概念；而搭乘行動美術館的列車，更讓人有進一步融入不同情境的效果——由人馬雜沓的大都會「入館」，出口則在一座「美」的國度，感受非常新鮮。

其「現美」之名，富有「現代美術」的含意；列車由 6 節車廂編組而成，相當於 150 公尺長的美術館展間，堪稱「世界最快的藝術鑑賞平台」（世界最速の芸術鑑賞）。全車共有 6 節車廂，編號為 11 ～ 16 號，僅有第

11 號車廂是指定席，其餘皆為不劃位的「展間」，裡面的休息沙發便是非劃位乘客的自由座。旅客們可以憑各種企劃票券搭車，或單純買乘車券加新幹線自由席的車票，所需費用與搭乘一般列車無異，可說是非常「親民」的特殊式樣列車了。

現美新幹線全車除第 11 號車廂外皆為不劃位的「展間」，乘客們可以自由地使用裡頭的沙發等座椅。

第 11 號車廂是「指定席」，由藝術家松本尚操刀，以「五穀豐收、慶典、光」的概念設計而成，十分別致。

作者私語
　　現美新幹線的運行時間多為週末及其前後，每天僅發 6 班車，從上越新幹線的「越後湯澤站」與「新潟站」之間往返 3 趟。如果是從東京出發的玩家，可以先搭一段新幹線到越後湯澤站，再轉車會比較通順喔！

E 系列車

　　現美新幹線的使用車輛，是以 E3 系 0 番台列車的 R19 編成為基底進行改造，完成後再重編為 E3 系 700 番台。E3 系列車原先是秋田新幹線的主力車款，但在新款的 E6 系登場後逐漸被其取代，於是便催生了現美新幹線的企劃，由 JR 東日本負責改裝，創造出有別以往的全新乘車體驗。

每節車廂的策展內容與作品風格完全不同，包括西畫、平面攝影、雕塑，以及視覺影片等，呈現方式也各有巧妙。列車的外觀塗裝則由來台開過展覽的知名攝影師——蜷川實花負責，先以黑色打底，再讓璀璨繽紛的煙火作品綻放於車身，成為鐵道運輸界的一項異數／藝術。JR 東日本還特別為它設置了專屬的網頁，風格同樣前衛創新。

作者私語

　　除了現美新幹線之外，JR 東日本在山形新幹線上，有另一列同樣以 E3 系改裝的「とれいゆ」溫泉新幹線正在行駛，乘客們可以邊搭車邊泡足湯，話題性十足！

第 13 號車廂中設有輕食小舖，還附設一張雅緻的木質餐桌，點餐後可以直接在此享用，也能帶到各車廂的座位上，邊欣賞藝術作品邊啜飲咖啡，是不是十分愜意呢？

蜷川實花璀璨的煙火作品登上了
現美新幹線的車身外觀

⭐ EVA 500 系

「EVA 500 系」是一個讓動漫迷們為之瘋狂的特別企劃，由 JR 西日本與動畫鉅作《新世紀福音戰士》（簡稱 EVA）的發行單位合作，從 2015 年夏天開始，將一列新幹線 500 系列車換上作品中的汎用人型決戰兵器（戰鬥機械人）「初號機」塗裝。

500 系過去曾是東海道與山陽新幹線上的招牌列車，也是日本第一款能以時速 300 公里載客營運的新幹線車種；但過於追求速度的設計方針，使她的載客量與經濟效益大打折扣，因此在後繼車種登場不久，便迅速失去了舞台。從 2008 年開始，500 系淪為在山陽新幹線跑 Kodama 號「站站樂列車」（沿途各站皆須停靠）的車款，相當於最低階的新幹線服務。

EVA 500 系企劃雖然只有一列編組，但已讓 500 系重新成為目光焦點，除了吸睛的外觀塗裝，內部裝潢也極具巧思。1 號車廂規畫為展覽和體驗空間，還設置了實物大小的「插入拴駕駛座」供幸運的乘客體驗（須事先上網預約抽選）；2 號車廂作為特別裝飾的主題車廂，從地板、座椅到遮陽簾等部分，都充滿了 EVA 作品中的經典元素，及會讓粉絲會心一笑的精巧細節。

造型酷炫的 EVA 500 系列車吸引許多民眾搶拍

為了紀念山陽新幹線 40 開業周年，和《新世紀福音戰士》電視動畫版播出 20 週年，在 2015 年啟動了「新幹線：新世紀福音戰士計畫（Evangelion Project）」。

作者私語

　這回的 EVA 500 系企劃預計會運行至 2018 年 5 月 19 日為止，喜歡 500 系與福音戰士的玩家，要趕緊把握機會朝聖喔！

500 系曾是新幹線的招牌列車，其中 W1 編組已納為京都鐵道博物館的館藏。

⭐ E7 系 / W7 系

　　因應北陸新幹線在 2015 年通車，JR 東日本與 JR 西日本合力打造了全新車款，也是目前最新的新幹線電車。JR 東日本延續先前的編號規則，稱之為「E7 系」；JR 西日本也從善如流地稱其為「W7 系」。

　　這輛列車由工業設計師奧山清行與川崎重工業負責設計，車身以象牙白為主要底色，側面的中間先配上一條象徵金澤漆器的銅色粗腰帶，再加上一條代表北陸湛藍天空的藍腰帶，大氣又和諧的美觀塗裝，一上路就獲得鐵路迷喜愛！

　　每列 E7 ／ W7 系電車皆由 12 節車廂組成，其中包含 10 節動力車，以應付沿途地形的長陡坡。列車的最高時速可達 275

公里，一般營運速度則為時速 260 公里，從東京到金澤最快只要 2 小時 45 分就能抵達。車內除了普通車廂和綠色車廂（Green Car）之外，還有更高一級的特等車廂（Gran Class）；普通車廂每排靠窗的座位都設有充電插座，對於攜帶電子設備出遠門的旅客來說，是相當貼心的便利設計。

E7系/W7系的車身以象牙白為主,再配上藍色與銅色腰帶。

E7系/W7系普通車廂的每排座位均設置充電插座,十分便利。

京都鐵道館的兒童遊戲區內,不但有一般的鐵道列車玩具,還設置了W7系列車的大模型,頗受孩子們的歡迎呢!

Here we go!
新幹線玩什麼？

日本目前有 108 個車站會停靠新幹線列車，數量比全日本的機場數目略高，如果要一一介紹或許得再花兩本書的篇幅，所以牛奶杰就挑選最中央的東京站，以及各路線的端點來介紹吧！

\ 東京站 /

東京站可說是日本鐵道路網的中心！在以往的國鐵時代，由東京站出發的列車，無論目的地在東西南北哪個地方，原則上都叫做「下行列車」，讓東京站有股高高在上的氣勢；與此相反，開往東京的就是「上行列車」，而乘客前往東京的行程，也可以稱為「上京」喔！

JR 東京站仍擔任東海道、東北、北陸、上越、秋田，與山形新幹線等列車的始發處；除了東海道新幹線屬於 JR 東海管理之外，其餘各新幹線與整個首都圈的在來線路網，皆由 JR 東日本經營。但是東海道新幹線的客流量實在太龐大了，因此 JR 東海與 JR 東日本各有 1 位東京站站長，彼此錯開管理範圍。

東京站的營收業績傲視全國的鐵路車站

作者私語
　　如今，每天進出東京站的客流量雖然已非日本第一，但本站仍有不少長途性質的新幹線或特急列車得另外付費搭乘，因此東京站的營收業績依然排在全日本的榜首喔！

MILK

丸の内中央口 Marunouchi Central Exit	Ⓜ 地下鉄 丸ノ内線 Subway Marunouchi Line	横須賀・総武線(快速) Yokosuka・Sōbu Line (Rapid)	東海道線 Tōkaidō Line		京葉線 Keiyō Line	
八重洲中央口 Yaesu Central Exit	Ⓣ 地下鉄 東西線 Subway Tōzai Line	成田エクスプレス (Narita Express)	上野東京ライン Ueno-Tōkyō Line	新幹線 Shinkansen	(武蔵野線) (Musashino Line)	120m
		中央線 Chūō Line	(宇都宮・高崎・常磐線) (Utsunomiya・Takasaki・Jōban Line)			

東京站可謂是日本鐵道
路網的中心

新幹線 7 分鐘奇蹟

提起東京站與新幹線，不能不提一下著名的「新幹線 7 分鐘奇蹟」！目前各路線的新幹線軌道通到東京站時，都是單向的終點站，列車常得在月台進行整備作業，直接改當下一班反方向的列車。而列車從抵達到再折返出發，通常只有短短的 12 分鐘，若再扣除前班旅客下車與後班乘客上車時間，工作人員僅剩 7 分鐘可以進行車內打掃。

只見工作人員動作熟練地擦拭每張椅背折疊桌、調整好頭靠枕巾，並完成拖地清潔，將車內環境恢復成如同首班車的整潔模樣，一次又一次重現 7 分鐘的奇蹟效率！

東京折返的新幹線能準時出發，
有賴一群默默付出的英雄們。

＼新函館北斗站／

　　函館長久以來便是本州通往北海道的門戶，早年以鐵道聯絡船搭載客貨列車渡海，到了青函海底隧道啟用後，就轉型為跨海列車與北國列車的轉運站。

　　北海道新幹線的第一階段於 2016 年通車，將新幹線路網從東北新幹線終點的「新青森站」向北延伸，新的里程碑終點為函館郊外的「新函館北斗站」（屬於北斗市）。在這裡，可以轉乘 JR 北海道的列車進出函館，或前往札幌等其他地方。

　　函館在幕末時期率先開港，與長崎、下田並列日本最早與西方接觸的三個口岸，因此在函館站西側的元町一帶，散發著濃厚的歐風氣息，是座相當迷人的海港城鎮。

函館長久以來就是北海道的門戶，新函館北斗站如今則作為北海道新幹線暫時的終點站。

函館市郊的蔦屋書店，是結合書籍、生活與藝文的複合性設施。

新小樽（臨時名稱）
札幌
俱知安
長万部
預定2031年開通路段
新八雲（臨時名稱）
新函館北斗
木古內
北海道新幹線
奧津輕いまべつ
新青森
東北新幹線
八戶

東北新幹線

田沢湖　雫石

秋田　　　　　盛岡

角館

大曲

秋田新幹線

新庄

山形　　　仙台

福島

＼秋田站／

　　秋田站是秋田市與整個秋田縣的代表車站，因 1997 年開通迷你新幹線級的「秋田新幹線」，而成為新幹線路網的終點之一。

　　秋田作為北東北的三個縣份之一，以夏季的「竿燈祭」最為知名，表演者利用身體的不同位置頂著數層樓高的竿燈遊行，猶如特技般的表演驚險刺激，令人咋舌。此外，秋田也是轉乘 JR 五能線，前往世界自然遺產保護區域「白神山地」的入口喔！

\ 新庄站 /

　　同樣作為迷你新幹線的山形新幹線，在
1997 年時將營運終點從山形站往北延伸，抵
達「新庄站」。此處是羽越本線、陸羽東線，
與陸羽西線的會合點，對於須要轉車的旅客
來說十分方便。

★大石田站

　　這回將終點延伸到新庄，連帶也讓大石
田站成為新幹線的服務範圍。玩家們可以從
大石田站搭乘路線巴士或旅館的接駁車，前
往仍保有大正時期風味的銀山溫泉區，好好
地泡湯享受一晚。

新庄站是羽越本線、陸羽東線，
和陸羽西線的會合點，相當方便
轉車。

\ 新潟站 /

　　新潟站是上越新幹線的終點站，新潟市則為日本西岸（日本海側）的最大都市，70多年前順利地躲過了原子彈攻擊。從2000年起，每隔3年舉辦的「越後妻有大地藝術祭」，堪稱是全球覆蓋地表規模最大的藝術節活動，也是新潟近年來重要的觀光盛典。

上越新幹線終點站的新潟為日本西岸的最大都市

上越新幹線

水沢江刺
一ノ関
くりこま高原
古川
新庄
山形
仙台
白石蔵王
新潟
福島
燕三条
郡山
長岡
新白河
那須塩原
越後湯沢
上毛高原
宇都宮
長野
高崎
小山
本庄早稲田
熊谷
大宮
上野
東京

★ 越後妻有大地藝術祭

　　新潟深山內陸的妻有地區，面臨嚴重的人口老化與外流問題，過去的學校黯然關門，不但校舍荒廢，就連居民的土地也逐漸廢耕凋零，非常可惜。於是民間展開新嘗試，將各種藝術作品帶到戶外與地景結合，更邀請藝術工作者駐村創作，為地方打造不一樣的生機。

　　三年一度的「越後妻有大地藝術祭」則是檢視創作與再造成果的盛典，每回皆吸引數萬名遊客造訪；2015 年舉辦的第六回「越後妻有大地藝術祭」約有 51 萬人次參觀，是第一屆的 3 倍之多。在藝術祭與藝術祭的間隔，玩家也可自由參觀常駐於山林與田間各角落的作品喔！

\ 金澤站 /

　　北陸新幹線於 2015 年開始營運，現階段以北陸地區最大城市的金澤為終點，未來會再經由福井、敦賀、京都通往大阪，成為東京與大阪之間第二條新幹線。

　　在日本江戶時代，前田家統轄加賀國等三國疆域，以金澤為居城，稻作收穫量相當豐沃，享有「加賀百萬石」的美名。（「石」為稻米收穫單位，將百萬石保守換算後，相當於現在的 2 萬公噸白米。）

　　「石」也是江戶時代估算藩主地位的量化數值，一般藩主能有 1 萬石的位階就很吃得開了，而武士的年收入大概 200 石，約合 4000 公斤。若對這些數字沒有概念的話，提供一項數據讓大家參考：日本人現在的稻米消費量，平均每人每年為 54.6 公斤。

廣泛設置「樹吊」預防積雪壓壞樹木，也是兼六園的一項特色。

★ 兼六園

金澤市內的兼六園，是日本三大名園之一，名字源自於兼具「六勝」，也就是「宏大、幽邃、人力、蒼古、水泉、眺望」這六種景致，春夏秋冬各有風情，喜歡日式庭園或雅致氛圍的玩家不妨前往走走。

作者私語
近江町市場是金澤的綜合市場，海鮮、青果，與各式乾貨特產應有盡有，號稱「金澤市民的廚房」，玩家們千萬不要錯過！

★ 金澤 21 世紀美術館

離兼六園不遠的「金澤 21 世紀美術館」打破了既往美術館給人難以親近印象的窠臼，因而廣受市民與遊客歡迎；出自日本知名建築師妹島和式與西澤立衛設計的館舍建築，更在落成前就獲得威尼斯建築雙年展的金獅獎肯定。

The Swimming Pool

由阿根廷裝置藝術家——林德羅·厄利設計的錯覺泳池「The Swimming Pool」，利用反射和視差營造出超現實的奇妙效果，可以拍出人在水中活動的照片，是金澤 21 世紀美術館的鎮館之寶呢！

＼ 鹿兒島中央站 ／

鹿兒島是日本本土最南方的大城，九州新幹線於 2005 年先開通了新八代站到鹿兒島中央站的南半段；直到 2011 年 3 月全線通車，方能從鹿兒島一路搭車經過熊本、博多，再通往本州地區。JR 九州亦與 JR 西日本開行直通運轉的「瑞穗號 (Mizuho)」與「櫻花號 (Sakura)」兩種班次，還可以延駛山陽新幹線，直達新大阪站。

地理上位處邊陲的鹿兒島，在江戶時代是主張西化改革的薩摩藩根據地，明治初期的新政府要角多仰賴薩摩藩與長州藩的賢士擔任，對現代日本的影響相當深遠。因此鹿兒島境內留有許多西化改革的遺跡、歷史名人的誕生地或故居，相當值得造訪。2008 年的 NHK 大河劇《篤姬》，與 2018 年的《西鄉殿》便以薩摩出身的天璋院篤姬與西鄉隆盛為主角，描寫幕末與明治維新期間的故事。

而與鹿兒島市隔著海灣相望的櫻島火山、能在沙灘「把自己先活埋再泡湯」的指宿溫泉等，也都相當吸引人呢！

作者私語
JR 九州推出的「指宿玉手箱號」（指宿のたまて箱号），車身擁有一面黑、一面白的特殊塗裝，是往來鹿兒島與指宿的觀光列車。

鹿兒島的指宿溫泉，堪稱「泡在沙灘裡的溫泉」。

九州新幹線

博多
新鳥栖
久留米
筑後船小屋
新大牟田
新玉名
熊本
新八代
新水俣
出水
川内
鹿児島中央

05

What's Tastsy?
不吃太可惜！

🍴 新幹線冰淇淋

新幹線列車的車速雖然快，但由於肩負日本地表的長距離運輸重任，諸多乘客常會在列車上待個 2～3 小時，因此新幹線車內的車販銷售仍有相當不錯的業績，是業者獲利豐碩的來源之一。新幹線的車販項目，除了基本的咖啡、飲料、啤酒，與些許點心之外，各種和鐵道相關的紀念品也十分受到歡迎；此外，以「硬梆梆」著稱的冰淇淋更是小有名氣。

★新幹線硬邦邦冰淇淋

為了確保冰淇淋不會在銷售過程中融化，行動推車的保冷效果頗佳，因此當乘客買到冰淇淋時，它的質地很可能還處於如石頭般堅硬的狀態。日本的玩家們會將湯匙直立插在冰淇淋上，作為冰淇淋融化程度的指標，也有不少人會拍照上傳到 Twitter，並標上「＃シンカンセンスゴイカタイアイス」（＃新幹線硬邦邦冰淇淋）的 Tag，形成了一項網路流行話題。

作者私語
　因為冰淇淋實在太硬了，有時也會看湯匙被折斷的照片呢！

MILK

＼予土線／

　　北海道新幹線在 2016 年 3 月開通後，日本本土的本州、九州、四國，與北海道等 4 座大島，就只剩四國未能享受新幹線的服務了。四國的民眾難免對此有些埋怨，覺得受到了不公平對待；然而相當有趣的是，在四國廣闊的土地上居然行駛著披上新幹線外型的地方普通車!?

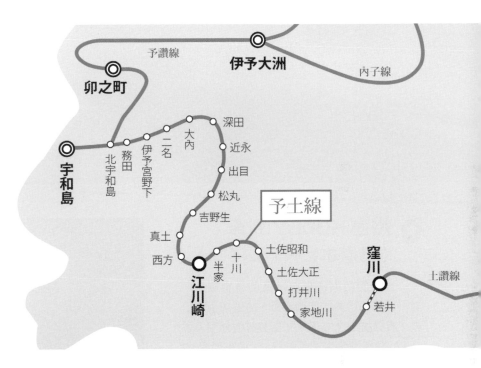

予土線三兄弟

　　沿著四萬十川行駛的予土線，連結了高知縣西部及愛媛縣南部，行駛在這段區間的三輛特殊觀光列車，被稱為「予土線三兄弟」。長男「Torocco 四萬十號」（しまんトロッコ）為開窗賞景列車的始祖，由著名的工業設計師水戶岡銳治設計；次男「海洋堂 HOBBY 列車」（鉄道ホビートレイン），則與知名的模型製作公司海洋堂共同合作；三男「鐵道 HOBBY 列車」（鉄道ホビートレイン），以初代新幹線的造型為範本打造而成。

⭐ 鐵道 HOBBY 列車 （鉄道ホビートレイン）

　　在四國西南邊偏遠地區的予土線上，有一輛單節行駛的柴油客車，經過巧手裝扮後，竟然披上了 0 系元祖新幹線的外型，號稱「行駛速度最慢的新幹線」！原來這是 JR 四國與模型業者的合作企劃，希望透過這台特別的列車吸引民眾到鄉間走走，並造訪模型公司認養廢棄校舍後成立的模型展示館。

　　鐵道 HOBBY 列車是「予土線三兄弟」中的三男，車頭突起的渾圓造型就像是鼻子一般，十分逗趣；車廂內還設置了展示櫃，陳列不同型號的新幹線模型，小孩們看到應該會覺得很開心吧！

四國的柴油客車披上 0 系元祖新幹線的外觀，變裝成為「行駛速度最慢的新幹線」！

予土線上的「Torroko 四万十號」是將貨車改造為開窗賞景列車的始祖

⭐ Torocco 四萬十號 （しまんトロッコ）

　　予土線列車行經沿途，是具有「日本最後清流」之稱的四萬十川，優美的景觀相當吸引人，夏季時會有許多海內外玩家到訪，以獨木舟或腳踏車等低排碳的方式親近大自然。而這節運行在予土線上的「Torocco 四萬十號」列車，則是 JR 嘗試將貨車改造為開窗賞景列車的始祖，受到廣大鐵道旅行玩家們的歡迎。

　　作為「予土線三兄弟」中長男，Torocco 四萬十號擁有活潑的鵝黃色外觀，而最特別之處在於，僅有的兩節車箱之一設計成開放式，乘客們能夠在更貼近自然的狀態下，欣賞沿途的美麗風光。

作者私語

　　日本目前也致力於開發能改變軌距的列車，期待這種未來車款既能保有新幹線的高速運輸特性，又能直接進入在來線的區間行駛，省去乘客與行李移動的麻煩。「變軌新幹線」計畫仍在如火如荼進行，前一代的實驗車款退役後，被保存在 JR 予讚線伊予西条站外的「四國鐵道館」，這也是另一種在其它地方看不到的新幹線列車喔！

More Fun!
這些地方順路遊

\ 博多南線 /

　　新幹線的路線與軌道有別於其它的 JR 在來線，就連車資的計算都不一樣，乘車時除了基本運費之外，還要再付一筆新幹線特急費。不過這也有例外，從博多站到博多南站的區間，就是日本唯二不加收「新幹線特急費」的區間之一。

　　這段區間可說是山陽新幹線的尾巴，也是列車抵達博多站後，要回送至博多綜合車輛所的後勤路線，過去並未對外營業。後來，由於車輛基地週邊沒有其它軌道運輸方式，一方面為了回饋周圍鄉親，二方面也能讓回送的空車多少增加一些收入，便以「博多南線」的名號開放營業。此外，乘客僅需支付在來線的「特急費」，就可以享受新幹線列車搭載的服務囉！（當然，車速並未達到新幹線水準。）

★ 博多綜合車輛所

　　博多綜合車輛所是山陽新幹線最重要的
車輛基地，鐵道迷玩家們來此報到時，除了
博多南線的新幹線特殊體驗外，更能在博多
南站的月台上，目擊多組新幹線列車整齊停
放在基地的壯觀景象喔！

★ 鳥飼車輛基地

　　與博多車輛基地相似的新幹線列車停駐場所，在大阪的攝津市也有一處，隸屬於 JR 東海的關西支社，稱為「鳥飼車輛基地」。基地的範圍約有 300 公尺寬、2300 公尺深，是 JR 東海與 JR 西日本眾多新幹線列車的家，可收容的車輛總數超過 900 節；JR 九州新幹線的車輛偶爾也會在此現身喔！

　　玩家如果搭乘大阪單軌電車 Monorail，在攝津站與南攝津站之間，就能從高處俯瞰新幹線大軍。光是面對單軌電車的第一排，就有約 20 條股線可供新幹線列車停靠，場面非常浩大。

作者私語

　　鳥飼車輛基地可收容超過 900 節新幹線列車，除了 JR 東海與 JR 西日本之外，JR 九州新幹線的車輛偶爾也會在這裡現身呢！

電鐵　和歌山

　　在距離大阪市中心約 2 小時車程的和歌山縣，有一座偏遠的小車站，儘管鐵道公司沒聘用任何人員，卻有一名站長總是不畏風雨執勤上班，甚至每天睡在車站裡頭。許多來自海內外的鐵道迷，願意不辭辛勞千里迢迢來和她打聲招呼，但無論旅客所使用的語言為何，獲得的回應永遠只有簡單的「喵、喵」幾句，因為牠正是和歌山電鐵貴志車站首創的「貓站長」！

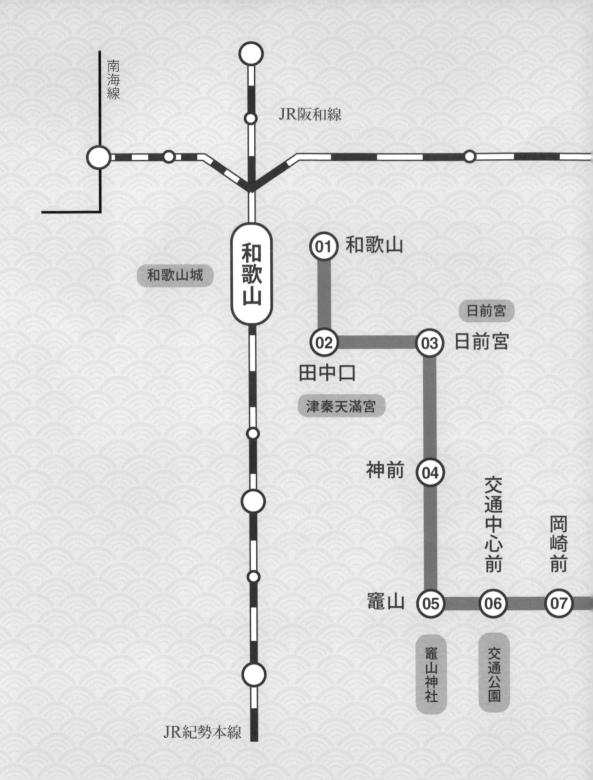

南海線

JR阪和線

和歌山

和歌山城

01 和歌山

02 田中口

03 日前宮

日前宮

津秦天満宮

04 神前

05 竈山

06 交通中心前

07 岡崎前

竈山神社

交通公園

JR紀勢本線

和歌山電鐵貴志川線

四季の郷公園　　足守神社　　　　　　　甘露寺前

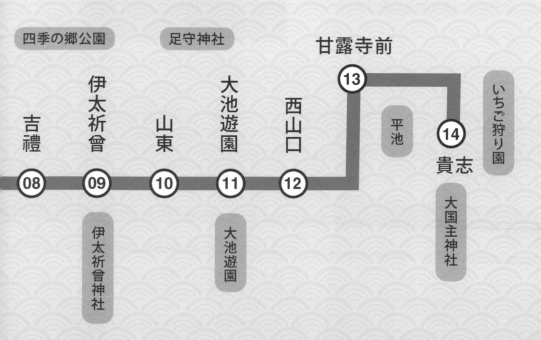

吉禮　伊太祈曾　山東　大池遊園　西山口
(08)　(09)　　(10)　(11)　　(12)　　(13)　平池　(14) 貴志　いちご狩り園

伊太祈曾神社　　　大池遊園　　　　　　　　　　　大国主神社

\ 和歌山電鐵貴志線 / 一日乘車券

從和歌山站到貴志站的單程車資為 400 日元，來回就相當於 800 日元，且幾乎所有來到貴志川線的玩家都會到貴志站參觀，所以造訪和歌山電鐵時，購買一日券可說是絕對超值的選項。

和歌山電鐵位在和歌山端的車站，是借用 JR 和歌山站的 9 番線月台，所以票房設於月台上，進出都得經過 JR 的改札口。此外，雖然 JR 車站的自動售票機中，有一部可以購買和歌山電鐵的單程券，但如果要買一日券，仍然得到 9 番線月台的票房才行。

和歌山站的通關密語

　　若要購買一日券，進 JR 改札口時僅須跟站務員説要搭「和歌山電鐵」（Wa-Ka-Ya-Ma-Den-Tetsu），甚至是「小玉電」（Ta-Ma-Den）對方就知道意思了，有點像某種專屬於和歌山站的通關密語呢！

和歌山電鐵貴志線一日乘車券

- ¥ 價格：成人 780 円／兒童 390 円
- 販售地點：JR 和歌山站 9 番線月台上的票房
- 注意事項：和歌山電鐵不適用於 JR Pass 或 KTP

02

About here!
和歌山電鐵，原來如此！

瀕臨關門命運的鐵道線

　　和歌山電鐵會社的貴志川線鐵道，從起點的和歌山站到終點貴志站總長 14.3 公里，單程走完約需半個鐘頭的時間。由於鐵道週邊欠缺出名的景點，因此搭車乘客多半是沿途的通勤族和通學者，生意頗為清淡。

　　原先負責經營貴志川線的南海電鐵會社，檢討該線的營收潛力後，打算在 2005 年 9 月正式廢止貴志川線。但得知此事的沿線居民，籌辦了保存鐵道的相關活動，希望留下已有近 90 年歷史的貴志川線。幾

經波折後，最終由外來的岡山電氣鐵道公司接手，出資組成現在的經營團隊「和歌山電鐵株式會社」。

為了看站長而來搭火車

　　在鐵道相關產權移交的同時，一些原先安置在南海電鐵土地上的小貓被迫遷離，好心居民與和歌山電鐵的小島社長商量後，安排小貓住在貴志站，並請承租該站部份空間經營雜貨店的夫婦負責照顧。原先只是單純希望能保護好小動物，然而企劃人員靈機一動，安排 1999 年出生的雌貓「たま」（Tama，小玉）於 2007 年正式獲聘

為貴志站站長；同時就任的還有「ちび」與「ミーコ」兩位站務助理，她們的年俸不但是整年份的飼料，還是個終身職的工作呢！

世界第一的貓站長

可愛的貓站長上任後名氣漸漸傳開，許多媒體爭相報導，就任當月便讓貴志站的上下車人數增加 17%；年中的檢討報告更發現，和歌山電鐵的營收與去年同期相較成長了 40%，「為了看站長而來搭火車」可真是一點也不虛假呢！沒想到原先的偶然安排，竟然讓小貓們化身成招財貓，為和歌山電鐵帶來翻身機會。

靠貓站長打響名號後，和歌山電鐵再接再厲，推出草莓電車、玩具電車、小玉電車以及梅星電車等企劃，將各種創意行銷提案

實現，在本業集客能耐有限的環境下，扭轉頹勢開創鐵道經營的奇蹟！

由於貴志站原先就沒有編制站長（全線 14 座車站僅有 2 站有站務員），所以這項派令沒有排擠其他「人」的職位，也就沒有任何「人事」安排的爭議囉！

第一代的貓站長小玉辭世後，由「二代玉」Nitama 接任，且依然由商店負責照顧。

作者私語

　　小玉站長的人氣爆紅，相關商品也為鐵道會社與負責照顧她們的雜貨店創造不少業績。牛奶杰第一次造訪時，本想順道購入站長的寫真書留念，老闆卻不好意思地表示寫真書缺貨中，要不要考慮買DVD呢？

What's Special?
「這裡」最特別！

　　讓鐵道公司翻身的功臣，可不僅是貓站長而已喔！經營團隊將焦點放到從南海電鐵移籍的 6 組二手電車上，將電車的內外重新設計改裝，變身為各有特色的草莓電車、玩具電車、小玉電車以及梅星電車。

⭐ 草莓電車

　　第一波登場的草莓電車（いちご電車，ICHIGO DENSHA），是由曾設計過多款得獎列車的工業設計師——水戶岡銳治操刀，將列車原本呆板的外觀改為明亮的白色塗裝，再配上鮮豔的紅色車門和可愛的草莓插畫，一出場便吸引了眾人的目光。

　　電車的內裝則升級為原木地板，長椅也換成極富質感的木製品，再搭配花樣繽紛的草莓坐墊，真是讓人捨不得就這麼一屁股坐下去呢！此外，車頭的圓形標誌、列車的門簾、廣告畫框，甚至是車門的空白處也全不放過，佈滿了各式各樣的草莓裝飾。遊客們可以在搭車時順道尋找，替這些可愛的草莓圖案拍照，成為旅程中的額外樂趣！

➤ 每個車門邊都掛上了兩顆鮮紅飽滿的大草莓，令人垂涎欲滴。

作者私語

　　草莓電車於 2006 年 8 月登場，由編號 2271F 這組電車改裝，嶄新的創意與可愛設計讓它在登場後大受好評，更獲得鐵道社團頒發的特別獎。為了一睹這輛顛覆傳統乘車經驗的草莓電車，來自各地的遊客與鐵道迷們爭相前往，讓和歌山電鐵面子、裡子十足。

升級為木製品的內裝地板與長椅，
讓草莓列車更具質感與風情。

草莓是貴志站週邊的農夫常栽
植的經濟作物，以此作為設計主
題別具意義，這次的改裝案也讓和
歌山電鐵士氣大振，
陸續推出其它的特色
列車企畫。

玩具電車的人氣狂飆，比前輩草莓電車更受歡迎呢！

⭐ 玩具電車

　　草莓電車旗開得勝後，和歌山電鐵趁勝追擊，於隔年7月推出第二款讓人更難以招架的「玩具電車」（おもちゃ電車，OMODEN）。除了延續草莓電車大膽鮮艷的用色風格，玩具電車的內裝更加碼改造，設計了一個玻璃櫥櫃展示各種動漫人物模型，並將風靡大、小朋友的扭蛋機搬上火車，讓乘客不僅可以欣賞展示品，更能夠試試手氣看會轉到什麼新奇的小玩具。

　　由2276F電車改裝的玩具電車，在座椅的部分下了不少工夫，雖然構造上仍是傳統的兩排長椅，但座椅的椅墊花布、椅背造型，以及交錯的座位配置都有特殊安排，甚至將嬰兒床也搬進車廂，相當有趣。此外，車內的幾個位子還拿掉椅墊，換上搖搖木馬的馬頭，成為了小小朋友們爭相搶奪的寶座。

作者私語

　　玩具電車這項企劃，原先是與在地的玩具商 T.J GrosNet 一同合作，籌備階段還曾考慮過以動漫作品「機動戰士」為主題推出為「鋼彈電車」，可惜後來沒有成真；如果該案獲得執行，玩具電車就會變成完全不同的風貌呢！

MILK

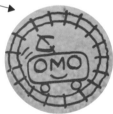

玩具電車的企劃先前
是與 T.J GrosNet 合作，
但在其結束營業後，車
身的冠名標示也已經
撤除了。

把扭蛋機直接搬上火車，應該為玩具列車增添
了相當不錯的業外收入吧！

→ 小Baby專用的嬰兒床也搬進玩具電車囉！

電車內的玻璃櫥櫃展示了各種動漫人物的玩具模型

⭐ 小玉電車

在推出前兩彈之後，第三款彩繪列車終於輪到小玉站長親自上場了！小玉電車（たま電車，TAMADEN）於 2009 年 3 月開始載客，全白的車身上彩繪了各種姿勢逗趣的小玉站長，有正在飛撲、翻身、舔手掌肉球、轉身理毛，以及貌似發呆等情境，車門邊則以貓掌肉球的圖案標示車廂編號。更特別的是，在車身前後端的屋頂上，還各有一對豎起來的貓耳朵，是 TAMADEN 的醒目招牌。

電車內裝方面，座位椅墊參考了貓站長小玉身上的花色，由黑色、棕色、茶色，與白色交織而成，色調活潑可愛。座位椅背還有各種貓咪動作的剪影，就連壁紙也是滿滿的小玉圖案；在車窗的支柱上，甚至有招財貓造型的燈罩，相當雅緻。如果是貓奴們搭乘這班車，大概會猛按相機快門停不下來吧？

小玉站長過世之後，和歌山的小玉電車成為追憶偉大站長的重要象徵，車上還有一面小玉的紀念牌，以懷念這位挽救了鐵道會社與路線的福星。

和歌山
WAKAYAMA

TAMA 電 DENSHA

TAMADENSHA
2705

TAMA DENSHA

ワンマン

たま電車

TAMA

たま電車

たま電車

WAKAYAMA ELECTRIC RAILWAY

和歌山電鐵貴志川線

作者系4語

　　JR東日本在開發 E5 系新幹線列車時，曾在 E954 型與 E955 型的試作車屋頂，安裝多對黃色扇形的空氣擾流板，因狀似貓耳朵而被稱為「貓耳新幹線」；可惜後來在量產車上捨棄了這個設計，貓耳新幹線也成為絕響。

MILK

和歌山電鐵的第 3 款彩繪車，由小玉站長親自上場當主角，全車共有 101 個貓咪圖案喔！

招財貓造型的燈罩是
小玉電車的另一驚喜

小玉電車的座椅的椅布，由黑色、棕色、茶色，
與白色交織，選色策略源自小玉站長的毛色。

除了這組由 2275F 電車改裝的小玉電車，當初斥
資換救和歌山電鐵的母公司岡山電氣軌道，也
在岡山推出 2 輛有小玉身影的路面電車，穿梭
於岡山市區的街道上。

⭐ 梅星電車

梅星電車（うめ星電車，UMEBOSHI DEN-SHA）是和歌山電鐵推出的第四款特別式樣車，將梅子、梅花和星星作為設計主題，由 2273F 電車改裝，在 2016 年 6 月份正式上路；同時也是貴志川線營運百年，與和歌山電鐵創立 10 年的紀念作品。

這回設計主題鎖定的梅子，跟第一款電車選擇草莓的理由相同──紀州的南高梅是當地重要的經濟作物。至於「星星」從哪裡來的呢？據說是受到 2013 年開始行駛的豪華寢台列車「九州七星號列車」（ななつ星 IN 九州）所影響，沿用了水戶岡銳治的設計概念。

梅星電車的內裝比起前 3 款特式車更為豪華，車內每扇窗戶都設置了簍空的木製裝飾框，並安裝木質窗簾，再加上窗戶上緣的布質垂簾，光是車窗的改裝單價就比幾位前輩高出許多，可以看出和歌山電鐵在此下了重本。

從全車天花板的唐草花紋貼皮、全木材質的行李架，和每扇窗戶的簍空木製裝飾框等細節，可以看出梅星電車作為貴志川線營運百年的紀念作品，改裝花費不貲。

梅星電車充滿梅花和星星元素，外觀採用暗紅色塗裝，初看時可能會感覺跟玩具電車有點像，但仔細一瞧就會發現兩種紅色略有不同。

作者私語

搭一趟「九州七星號列車」動輒數十萬元日幣，並非一般人所能負擔，相較之下「梅星電車」顯得親民許多，只要購買普通車票就能體驗豪華電車內的舒適享受。

MILK

⭐ 信紙電車 & 普通電車

不同於其它五彩繽紛的特殊式樣車，信紙電車的企劃較為簡單且有期間限定。它是由鐵道會社向大眾招募信件，並將民眾們寫上祝福話語或彩繪各種圖畫的投稿，張貼於電車內作為特別裝飾。儘管沒有前述特式車的精緻與亮麗，卻有著鐵道沿途居民們的滿滿心意和參與感，可說是線上車隊中「最有溫度」的電車呢！

參照和歌山電鐵目前的班表與車班密度，每天大概出 3 ～ 4 組電車就能執行完所有的班次了；換句話說，加上信紙電車在內的 5 組特殊式樣車，並不會每天都上陣載客。若想知道當天有哪些車款出門，可以上官網查詢列車時刻表，上面會詳細註明某月某日各班次的任務將預定由哪一組列車執行（除非有特殊狀況，一般皆按表操課）。

由於有 4 ～ 5 款特殊式樣車在線上服務，若搭到完全沒有特殊企劃的標準塗裝電車(1/6 ～ 2/6 的機率)，反而是更為特殊的經驗呢！

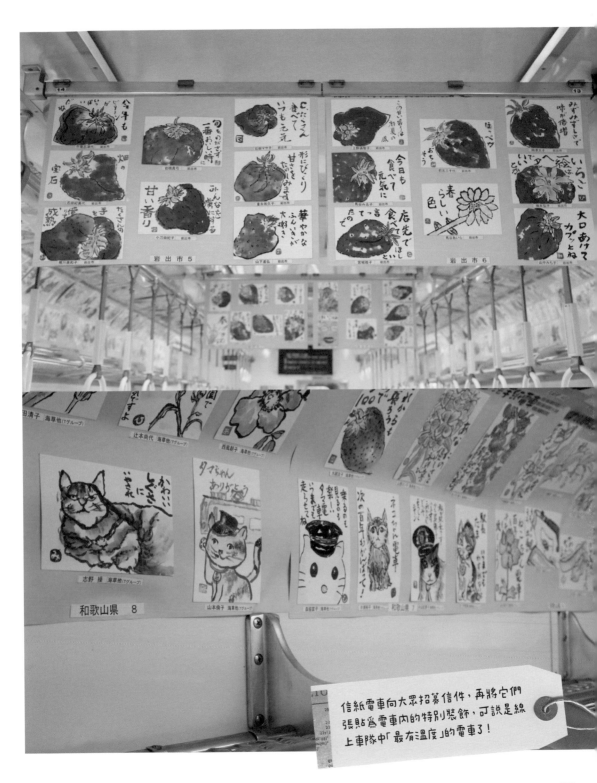

信紙電車向大眾招募信件，再將它們張貼為電車內的特別裝飾，可謂是線上車隊中「最有溫度」的電車了！

\ 和歌山站 /

★和歌山城

　　豐臣家在 1585 年平定紀伊國與和泉國之後，豐臣秀吉便派遣築城高手藤堂高虎到虎伏山築城，成果就是後來的和歌山城。進入江戶幕府後，紀伊一帶在 1619 年成為幕府將軍德川家康之子——德川賴宣的領地，其聯立式天守的龐大規模，加上立於山丘上的雄偉氣勢，都讓人感受到德川家的強大威望。

　　和歌山城在 1930 年根據舊的文資法規列為日本國寶，可惜包括天守與櫓在內的 11

棟主要建築皆毀於二戰中的美軍空襲大火。目前的天守為 1958 年重建完成，據說出身和歌山的日本經營之神「松下幸之助」為重建天守捐出了不少資金。

和歌山城有一座架設在護城河上的木製廊下橋，橋兩端的出入口高低不同，在日本城堡中少有類似構造的設施，是和歌山城的另一個特色。

作者私語

　　紀伊德川家跟幕府將軍家的關係和一般藩不同，它與尾張德川家及水戶德川家並稱為「御三家」，倘若將軍家出現後繼問題，將優先從御三家的德川家族後代尋找適合的繼任人選（紀伊德川家後來也真的有兩代藩主晉升為將軍），因此和歌山城在江戶時代的地位，也跟其它城堡稍有不同。

MILK

★ 和歌山縣立博物館 ＆近代美術館

　　喜歡現代藝術與建築的玩家，可以順道遊覽和歌山城南側的博物館與美術館。這兩座館舍由日本已故的建築大師——黑川紀章統籌設計，館廳入口的圓盤結構跟黑川晚期的代表作「東京國立新美術館」相似，頗具個人特色。

　　縣立博物館保有許多紀州德川家的歷代珍寶，美術館則有約 1 萬件畫作收藏，有興趣的話不妨多安排點時間停留。

和歌山縣立博物館與近代美術館距離城堡不遠，玩家們可一同造訪。

和歌山縣立博物館 ＆ 近代美術館

開放時間：
　09：30 ～ 17：00（前 30 分鐘不能進入）
地址：〒 640-8137 和歌山市吹上 1-4-14

和歌山縣立博物館

和歌山近代美術館

＼伊太祈曽站／

　　玩家如果想將各款特式車一網打盡，可以到伊太祈曽站（伊太祈曽駅）碰碰運氣。貴志川線全線為單線鐵道，往來的列車必須在途中的某些車站交會，伊太祈曽站就是其中之一。車站內有座小小的島式月台，供雙向列車停靠，部份往來和歌山方向的列車也會以此為起訖點。

　　此外，「二代玉」在尚未就任貴志站站長前，其實是先在伊太祈曽站服務；如今她在站房內的辦公室，則已經由新的站長「四代玉」（よんたま，Yontama）接任。目前的排班情況為：貴志站的二代玉站長休每星期三、四；伊太祈曽站的四代玉則固定休每週一、五，玩家們可別撲空囉！（出發前可上官網再次確認班表）

作者私語
　　伊太祈曽站外頭就是和歌山電鐵的車輛基地，所有未出陣的列車都會在此檢修與待命。此外，這座月台有些彎曲的弧度，上下車時請留意車門與月台間的縫隙。

＼ 貴志站 ／

　　貴志站是貴志川線的終點，同時也是小玉傳奇的發生地點。過去的貴志站僅為一座低矮的平房，和歌山電鐵並未在此安排站務人員，而是交由和車站併設的小川商店代管；也幸好小川商店的店主當時認養了小玉，才掀起了這一連串故事的序幕！

　　和歌山電鐵重生之後，貴志川站的站房被改建為現今的貓咪模樣，儘管跟原貌相比實在變化太大，以往的「小清新氣息」盡失，讓部份粉絲難以接受；不過新站房的毛茸茸茅屋頂上增設了一雙眼睛，顯得相當特別，也算是開啟了一番新的氣象。

和歌山電鐵並未忘本，站房改建後，小川商店得以在站內原址繼續營業，並照顧就任二代站長的 Nitama。

不吃太可惜！

🍴 小玉咖啡館

志川站的貓咪站房除了供旅客拍照與搭車外，同時隱藏著一間小玉咖啡館（たまカフェ），販售以小玉站長為主題的飲料、咖啡、冰品、甜點與簡單的輕食；其中，冰品的佐料是選用紀州當地生產的水果，非常值得品嚐。不過小玉咖啡館的面積不大，又兼作相關紀念品的販售空間，玩家造訪時可能要有排隊等待的心理準備。

作者私語

牛奶杰點的「小玉剉冰」（たまのレモンソーダフロート，Tama's Lemon soda float），是在香草冰淇淋上以堅果和巧克力點綴成貓咪造型，再搭配萊姆剉冰的限定甜點，塑膠杯身上還印有可愛的小玉站長圖案呢！

小玉剉冰有著圓滾滾的貓頭和可愛的小耳朵，相當討喜。

🍴 和歌山拉麵

和歌山的拉麵通稱「中華麵」，在日本國內也相當受歡迎，光市區內就有超過 30 家的知名店舖，玩家們到此遊玩時一定不能錯過。

外觀質樸卻美味的和歌山拉麵，大致可分成看起來濃郁、實際上卻很清爽的醬油湯頭，和口味濃稠深邃的豬骨醬油湯頭；近年各家店舖也精心開發各種獨特的新口味，頗有些百家爭鳴的感覺。但無使用哪種湯頭，麵條都必須是微曲的直麵，再配上叉燒、魚板、筍乾與蔥花等配料，組合成道地的和歌山口味。

這條路線順道搭

JR阪和線路線圖

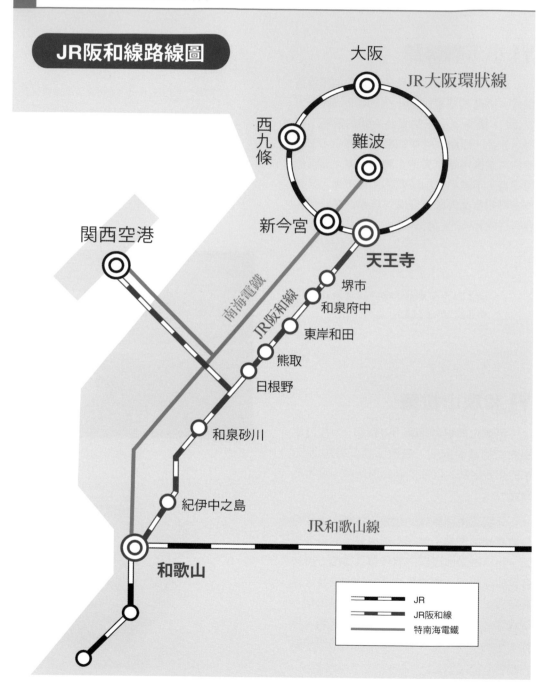

大阪

JR大阪環狀線

西九條

難波

新今宮

天王寺

関西空港

堺市

和泉府中

南海電鐵

JR阪和線

東岸和田

熊取

日根野

和泉砂川

紀伊中之島

JR和歌山線

和歌山

▬▬▬	JR
▬▬▬	JR阪和線
▬▬▬	特南海電鐵

\ JR 阪和線 /

　　玩家往來和歌山與大阪之間，最簡單的方法之一是搭乘 JR 阪和線的列車。從大阪環狀線南端的玄關「JR 天王寺站」出發，到和歌山站之間有「紀州路快速列車」運行，車程時間約莫 1 小時。

　　要特別注意的是，「紀州路快速列車」與往來關西機場的「關空快速列車」，從大阪環狀線到 JR 日根野站之間是串連行駛的！由天王寺站出發時，前 4 節車廂為即將開往機場的「關空快速」；後 4 節則預備在日根野站分道揚鑣，朝和歌山站行駛，玩家小心不要坐錯車廂。如果從天王寺站出發時是 8 節車廂編組的「純」紀州路快速列車，則在日根野站摘除後 4 節，僅前 4 節開往和歌山。

作者私語
　　「關西地區鐵路周遊券」(JR Pass 關西版)的效力範圍也包括和歌山，使用此券的玩家可以放心。但要注意僅能搭乘免附加特急費的列車，由大阪經和歌山繼續開往南紀、白濱方面的特急列車，則無論是指定席或自由席都不能搭乘喔！

＼紀伊中之島站／

阪和線在靠近和歌山這端，有一座很特別的紀伊中之島站，如果時間足夠，玩家可在此中途停留一會兒。

車站的站房窗戶以斜菱紋木條進行裝飾，是傳統的日式建築技法，現在已相當罕見。不過這棟站房其實只是個單純的出入口建築，因為它跟月台離得有點遠，彼此之間的關聯性有限，乘客通過這座入口之後還得拐幾個彎才有辦法抵達月台。

廢棄的鐵軌常作為車站月台雨棚的直立柱子，但紀伊中之島站卻將它拿來當成橫樑，還設計成波浪狀的結構，相當值得注意。

JR大阪環狀線路線圖

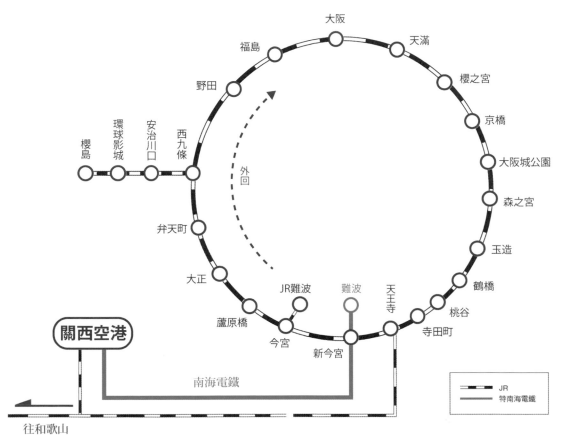

JR大阪環狀線路線圖。各站包含：大阪、福島、野田、西九條、櫻島、環球影城、安治川口、弁天町、大正、蘆原橋、今宮、JR難波、新今宮、難波、天王寺、寺田町、桃谷、鶴橋、玉造、森之宮、大阪城公園、京橋、櫻之宮、天滿。外回方向，另有南海電鐵、特南海電鐵通往關西空港及往和歌山。

圖例：
JR
特南海電鐵

作者私語
　　JR大阪站所在的區域，對在地大阪人而言叫做「梅田」（うめだ），所以位在那一帶的阪急、阪神，與地鐵車站均稱為「梅田站」，只有JR的車站稱「大阪站」。

＼大阪／

　　玩家若有機會造訪和歌山，應該順道來大阪走走！大阪是關西地區的中心，和鄰近的京都與神戶並稱為「京阪神」，是僅次於東京與橫濱的都會區；由於該範圍包括過去曾擔任千年首都的京都，因此又稱為「近畿地方」。早年的大阪，作為日本各地物資經由海路送往京都的前哨站，結合了各地的上等美味食材，因而有「天下廚房」之稱，喜歡品嘗佳餚的玩家，應該能在此獲得大大的滿足喔！

★ 大阪交通

　　和歌山與大阪的距離不遠，兩地間靠「JR 阪和線」或「南海電鐵本線」連接，僅需 1 小時左右的車程，很適合作為玩家造訪和歌山電鐵前後的順遊地點。而在大阪市內的交通，則推薦搭乘市營的地鐵四處遊玩；由於市區的棋盤式街道規劃完整，地鐵路網相當方正，轉乘各處都很方便。此外，JR 在大阪市區有一條「JR 大阪環狀線」，連結了大阪站、京橋、鶴橋、天王寺，與新今宮等交通節點的車站，地位雖不若東京的 JR 山手線，但依然是條十分便利的交通路線。

★ 天保山

鄰近大阪港的天保山，設置了 100 公尺高的天保山摩天輪，夜間的燈飾色彩除了造型美觀，甚至有氣象預報的功能喔！摩天輪旁的海遊館為大型水族館，還有企鵝遊行等逗趣節目；購物中心內的樂高樂園，則相信無論大小朋友都會喜歡。

★ 環球影城

日本環球影城與天保山只有一水之隔，玩家可搭大阪市營的免費渡輪往來兩岸。日本環球影城於 1994 年開幕，是繼洛杉磯之後的全球第二座環球影城，園區內設置了許多不同類型、精彩刺激的機械遊樂器材；並與知名電影、動漫作品結合，除了常設展區之外，也不時會推出期間限定主題，相當有看頭。

作者私語

環球影城不斷推陳出新，在 2014 年揭幕的「哈利波特的魔法世界」(ウィザーディング・ワールド・オブ・ハリー・ポッター)成功席捲亞洲，讓哈利波特迷們興奮不已！而 2018 年 3 月即將翻新推出的「哈利波特禁忌之旅完整版」，進一步提升了整體的臨場特效，玩家們能享有更真實的遊玩體驗。

MILK

「固力果跑跑人」已持續奔跑
超過 80 年了呢！

★ 道頓堀、心齋橋、難波

　　餐廳「蟹道樂」（かに道楽）招牌的活動大螃蟹，是道頓堀的著名地標，同時也是天下廚房美名的象徵，許多旅遊雜誌或網站都會以此作為大阪的代表。另外，附近大型彩色廣告看板的「固力果跑跑人」（道頓堀グリコサイン）歷經五代選手「接力」，已持續奔跑超過 80 年，為日本庶民共通的大阪風景。

　　道頓堀、心齋橋與難波是連在一塊的購物鬧區，百貨公司、藥妝店、電器行，以及平價服飾在此展開近距離肉搏戰，玩家來這裡逛街時別忘了貨比三家不吃虧喔！

跟著達人這樣玩　和歌山線一日小旅行

1Day

出發
大阪環狀線各站

搭 JR 紀州路快速至
和歌山站

**和歌山城、博物館、
美術館**

搭和歌山電鐵主題列車

貴志站、小玉咖啡館

① 搭和歌山電鐵主題列至
和歌山站

② 搭 JR 紀州路快速至
大阪環狀線各站

解散
大阪環狀線

★大阪城

　　大阪市中心的「大阪城」，是「最有人氣日本城堡」的常勝軍，每年登城參觀的遊客人數常超過 200 萬名。

　　原先的大阪城天守閣，在太平洋戰爭末期遭盟軍大規模轟炸而焚毀（現在綠意盎然的大阪城公園，當年整個是東亞最大的軍需工廠），現在我們看到的天守閣，其實是二次世界大戰後以水泥重建的建築，外觀融入了豐臣與德川時代的兩座大阪城天守，將不同建築特色合而為一。

作者私語

　　大阪城曾作為豐臣秀吉的權威象徵，而在他過世後，德川家康獲得機會掀起大阪冬之陣與大阪夏之陣兩場大型會戰，將天下納入了德川家手中。2016 年 NHK 的大河劇《真田丸》，名稱來源就是武將真田信繁（真田幸村）以在大阪城南側構築的防禦工事「真田丸」，與德川家進行決戰的故事。

05

Japan
Rail

南海加太線

以往在行銷宣傳時，總是強打關西機場特急電車「rapi:t」（ラピート）或高野山方面的南海電鐵，在2016年4月底新推出了一款「吉慶鯛電車」（めでたいでんしゃ）。這列特別的觀光列車行駛於冷門的加太線，可以看出南海電鐵企圖在大家熟悉的觀光市場中，開創另一番新局。

若與其它鐵道業者推出的特殊式樣車相比，可以感受得出「吉慶鯛電車」的企劃投資經費略低，不過南海電鐵的用心，仍將整輛電車營造出不同於他者的感受，再加上週邊行銷的支持，整體效果相當不錯。從關西機場入出境的玩家們，不妨安排一點時間來搭鯛魚列車晃晃唷！

南海加太線路線圖

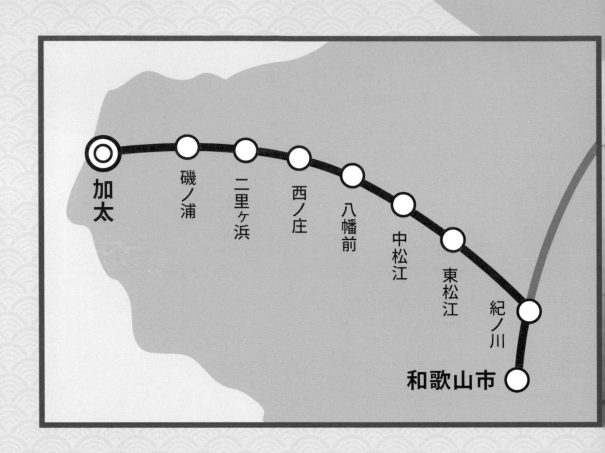

加太　磯ノ浦　二里ヶ浜　西ノ庄　八幡前　中松江　東松江　紀ノ川　和歌山市

加太

Best Ticket!
買這張票最划算！

＼關西周遊卡／

造訪加太線的玩家們，不妨使用「關西周遊卡」（KANSAI THRU PASS，背包客們通稱 KTP）。這張企劃票在關西地區的知名度非常高，由大阪、京都、神戶、和歌山、奈良、兵庫等地的私鐵與巴士業者合作發行，組成了交通運輸界的大聯盟，以對抗 JR 西日本的勢力。

KTP 分為 2 天與 3 天分，能搭乘關西地區絕大多數的私鐵、地鐵和巴士，玩家們可以估算一下，只要一天花費的車資達 2,000 日元以上，就很適合使用 KTP。更棒的是，它的各天數之間允許不連續使用，能夠很彈性地配合玩家的行程需求。我想幾乎所有去過京阪神地區自助旅行的外國玩家，應該都至少用過 1 次 KTP 吧！

KTP 可以在關西機場第一航廈或第二航廈的「關西旅遊訊息服務中心」、南海電鐵關西機場車站的櫃台，或是京阪神地區幾座主要車站購買。此外，因為 KTP 是專為外國旅客設計的特別企劃票，購買時得出示護照，且使用者必需是「短期滯在」身份。

由於 KTP 相當受歡迎，許多搭機從關西機場入境的玩家，在通過入境審查和海關都沒花太多時間，反而是排隊購買 KTP 最耗時。幸好目前在國內也可以向有代理的旅行社預先購買 KTP，且直接就能取得票券本身的磁卡（可通過自動改札機），以及地圖、折價券、導覽手冊。雖然經由轉手的費用會略高一些，但到了日本後就不用再多花寶貴的時間排隊，可以搭車直奔景點遊玩喔！

關西周遊卡 (KTP)

¥ 價格：
成人／二日券 4,000 円、三日券 5,200 円
兒童 (小學生) ／二日券 2,000 円、三日券 2,600 円

○ 販售地點：
【台灣】各大旅行社、KKday 等代理平台皆可直接購買。
【日本】關西機場的「關西旅遊訊息服務中心」、南海電鐵關西機場車站窗口、京阪神地區的主要車站等。

❶ 注意事項：憑 KTP 搭乘南海電鐵時，若要搭機場往來難波的「特急 rapi:t」，須另外購買特急指定席券；搭乘和歌山與難波間的「特急南方」時，指定席一樣得另外付費，若選擇自由席則免，請玩家們特別注意！

About here!

南海加太線，原來如此！

南海電鐵的加太線全程位於和歌山市內，從市區外圍的「紀之川站」（紀ノ川駅）向西北分歧，朝海邊前進，到終點的「加太站」為止總長未達 10 公里。不過運行的班車多半會以南海的「和歌山市站」為起訖點，使得運行距離增加了 3.6 公里。

此外，在加太線的沿途各站，都設置了一面全新打造的木製站名牌，由本地的和歌山工業高等學校師生通力完成；原料則來自加太森林公園的杉樹，充分落實「產地直銷」、「現採現用」的概念，推廣在地的優質資源。

鐵道沿線的磯之浦站（磯ノ浦駅）附近有座海水浴場，一年四季皆吸引著衝浪玩家前往挑戰，一般民眾也多半會在夏天時去海灘報到。此外，如果玩家的時間充裕，加太港外海的「友島」，也很值得專程登島走走喔！

加太線沿途各站別緻的木造站名牌，都是由本地的學校師生合力完成的喔！

加太線的班車多半會從南海電鐵的和歌山市站為起點

和歌山市站的 3 番線月台貼上了
鯛魚電車的相關佈置

從和歌山市站出發

　　和歌山市站的 3 番線月台，專門提供給加太線的折返列車起訖停靠，牛奶杰造訪時這裡也貼上了鯛魚電車的佈置。而在南海電鐵推出這個企劃案時，周邊還有一整套的活動同時進行，其中包括沿途各站張貼的兩款螢光海報，看起來相當有質感。

　　在這系列的海報中，有多張是邀請在地居民擔任模特兒，連南海加太站的鐵道員們也粉墨登場。此外，不但站員和其他海報的主角們，都穿著有「加太」字樣的主題圍裙入鏡，從 2016 年 4 月至隔年 3 月底為止，每逢週末假日，加太站的站員們也會穿上這件主題圍裙值勤，成為特殊的鐵道景色。

　　和歌山當地除了原本和歌山電鐵的草莓電車、玩具電車與貴志站等，如今又有鯛魚列車加持，實在是鐵道旅行資源很豐富的好去處呢！

作者私語

　　作為南海加太線車班起點的和歌山市站，距離關西空港不遠，若搭特急南方僅需 40 分鐘即可抵達，且全程車資均可用 KTP 支付，非常適合玩家造訪。如果是用「關西地區鐵路周遊券」(JR Pass 關西版) 的玩家，則可以先前往 JR 和歌山站，再轉 JR 紀勢本線的普通車到「和歌山市站」搭吉慶鯛電車喔！(南海方面，從和歌山市站到加太站的單程車資為 330 日元。)

雖然鯛魚電車只有紅、藍各一列，但在加太線運行的所有列車，都會在車身貼上活動貼紙，一同響應宣傳。

鯛魚電車的兩款營業海報設計得很有質感呢！

作者私語

　　加太線本身和沿途的車站，較少具高知名度的觀光景點，若不是牛奶杰幾年前曾在紀之川站開晃，大概也不會注意到它。玩家若從難波或關西空港出發，要拜訪加太線、搭鯛魚電車的話，雖然直接在紀之川站轉車比較順路、不用折返跑，但該站不停「特急南方」（サザン）列車；所以不妨先搭到終點的和歌山市站，再折返轉乘比較省時喔！

　　宣傳海報上這件圍裙是有販售的喔（每件含稅3000日元）！全球唯一的發售地點就在加太站，謝絕網購與郵寄，喜歡的玩家務必要親自來一趟加太才能買到。除了圍裙之外，還有毛巾、手帕、文件夾，以及磁鐵等周邊商品，可以在加太站或南海電鐵的服務中心（位於難波站的2樓）購得。

What's Special?
「這裡」最特別！

南海電鐵於 2016 年 4 月 29 日推出了全新觀光電車——「吉慶鯛電車」，它是由一般載客用途的 7100 系通勤電車改裝而來，跟和歌山電鐵的車輛可說是遠房親戚。這個企劃案由南海電鐵、加太觀光協會和磯之浦觀光協會（磯の浦観光協会）共同合作，以具有加太代表性的「鯛魚」為主題，將兩節一組的電車換上可愛的粉紅彩妝，再加上許多細部巧思，就讓整體的乘車經驗大為不同了！

鯛魚電車的外觀採用在鐵道界少用的粉紅色為主要視覺顏色，整體十分浪漫，充滿了少女情懷。

⭐ 吉慶鯛電車

鯛魚電車的外觀，以日本鐵道界鮮少被採用的粉紅色為主要的視覺顏色；若與和歌山電鐵的各款特別式樣車相比，鯛魚電車的外觀塗裝可說是非常簡單，僅在粉紅的底色外加上白色的鱗片紋路，車門處則以醒目的紅色處理。

雖然若與和歌山電鐵的各款特別式樣車相比，鯛魚電車的外觀塗裝可能略遜一籌，但南海電鐵灌注在上頭的心意，可一點也不馬虎喔！

浪漫藏在細節裡

列車運轉室後方的第一扇車窗玻璃上，貼上了不會影響乘客視野的鯛魚眼睛貼紙，讓整台列車顯得更加活潑。內裝的部分也不含糊，從車門踏進車廂的玄關地板，貼有魚兒往各方游去的圖案，是引導乘客入座的小指引。車廂地板改為木紋貼皮，座椅雖然依舊保持原本兩條對望的長條椅，椅套卻換成了紅、白兩色與鯛魚圖案組合的三種布面。車窗的玻璃上有可愛的鯛魚貼紙，乘客常會接觸到的拉環更換成木製的鯛魚造型（有少數採用愛心造型），並設置了低、中、高 3 種高度，便於大小乘客使用，十分貼心，可說是輛細節滿滿的浪漫系觀光電車。

更令人驚訝的是，為保持車內整體視覺的流暢，鯛魚電車的客室內沒有懸掛任何外界的商業廣告，取而代之的是一張張半透明的棉紙。至於牆面的廣告欄位，則都換成跟鯛魚列車有關的文宣品；門楣上的沿途路線

圖，也重新設計以符合列車主題，處處可見企劃的細膩。

　　鯛魚電車作為觀光列車，除了臨時檢修之外，會在和歌山市站、紀之川站、加太站之間來回運行多趟，玩家可參照官網上的時刻表準時前往「釣魚」喔！這兩輛粉嫩的電車在行銷上雖然重新定位為觀光列車，但本質仍是當地居民使用的通勤電車，也依然維持著普通列車的身份，所以旅客除了基本的運賃之外，不用另外支付特急費或其它費用，相當平易近人！

列車的外觀塗裝雖然簡單，但車身上的「鱗片」卻相當粉嫩可愛，紅色的車門也十分醒目。

與眾不同的特殊式樣車

　　對部份鐵道迷來說，看到鯛魚電車的企劃成果可以稍微鬆口氣了——因為這次的改裝案，並非由水戶岡銳治與其事務所負責。倒不是水戶岡的設計作品有問題，只是他與事務所近幾年在日本列車裝潢界非常知名，接案頗多，最終呈現的作品難免有些許相似的共通處，少了突破的亮點。

　　而從鯛魚電車的改裝成果來看，可以發現更多的創意與差異性，這確實使得鯛魚電車跟和歌山電鐵的 4 款特殊式樣車，或日本各地近幾年如雨後春筍般冒出的多款觀光列車有明顯不同。

電車上的拉環全換成了溫潤的木製品，除了鯛魚造型之外，甚至還有愛心形狀喔！

電車內對望的長椅，換成了全紅、全白，與紅白格子相間的三種鯛魚印花布面；其中，醒目的紅白格子特別用於優先席座位。

水色鯛魚電車

　　粉紅色的鯛魚電車推出後大受歡迎，於是南海電鐵決定趁勝追擊，從 2017 年 10 月 7 日起，推出第二彈「水色鯛魚電車」，內裝同樣藏有許多細緻的巧思。柔和的水藍色鯛魚電車，和原本粉嫩的紅色鯛魚電車，一同讓硬梆梆的鐵道充滿了童趣。兩列電車有時會共同安排勤務，如果幸運遇上的話，玩家便有機會看到兩色鯛魚在途中交會的畫面喔！

南海加太線玩什麼？

\ 加太站 /

　　列車終點的加太站，是一個人口不多的港濱小鎮，以加太港為主要的經濟收益來源。港濱的幾間飯店將美食作為號召，提供新鮮可口的海產料理，還有天然溫泉能享受。

★淡嶋溫泉大阪屋

　　淡嶋溫泉大阪屋開業於昭和初期，至今已有 80 年歷史，期間經過多次改建而有了如今的風貌。大阪屋的溫泉除了提供房客享用外，也開放「日歸溫泉」服務，讓非住客在日間的空閒時段使用。

　　旅館的溫泉設於頂樓，有一個可以眺望加太小鎮和港外海景的透明浴室，戶外的露天溫泉視野相當不錯。於是牛奶杰在挑戰完友島的行程後，帶著全身汗水前往溫泉旅館報到，洗淨身體再泡湯的感覺相當舒暢，值得大力推薦。泡完湯還可以在休息室享用寒天點心，服務相當周到呢！

日歸溫泉

費用：900 円

開放時段：11:00 ～ 14:30 ／ 15:00 ～ 19:00

備註：若使用 KTP 搭車的玩家，憑優待券可在 11:00 ～ 14:30 的時段享有優惠價 700 日圓。

淡嶋溫泉大阪屋的露天溫泉設於頂樓，視野相當好（此為可攝影範圍的休息室）。

不吃太可惜！

🍴 鯛魚丼

　　玩家若有機會來到加太，不妨品嚐一下當地人很有自信的鯛魚料理，在緊鄰加太港南側的大街上，或是靠近淡嶋神社的表參道旁，都有多家餐廳可以選擇。牛奶杰自己是參照導覽資料的建議，選擇了「春日」的鯛魚丼，嚐起來相當美味，1200 日元的價格以海鮮料理而言也算是高貴不貴了。隔壁的「活魚料理いなさ」亦小有名氣，還將章魚壽司做成了特製便當，在關西機場的賣店內銷售呢！

淡嶋神社的表參道兩旁，也有
多家餐廳可供遊客選擇。

南海本線路線圖

南海電鐵和 JR 西日本都有提供進出關西空港的列車服務，整體來講牛奶杰自己比較常搭南海電鐵，車資與時間的 cp 值相當不錯，搭配 KTP 票券的彈性也很大。

列車種別： 普通、準急行、區間急行、空港急行、急行（泉佐野）、急行、特急 Southern、特急 Rapit、特急 Southern

主要車站： 難波、新今宮、天下茶屋、岸里玉出、粉濱、住吉大社、住之江、七道、堺、湊、石津川、諏訪乃森、濱寺公園、羽衣、高石、北助松、松乃濱、泉大津、忠岡、春木、和泉大宮、岸和田、蛸地藏、貝塚、二色濱、鶴原、井原里、泉佐野、羽倉崎、吉見乃里站、岡田浦、樽井、尾崎、鳥取乃莊、箱作站、淡輪站、岬公園、孝子、和歌山大學前、紀之川、和歌山市站、和歌山港

支線：
- 高師濱線：伽羅橋、高師濱
- 汐見橋線：西天下茶屋、津守、木津川、芦原町、汐見橋
- 關西空港：關西機場、臨空城站
- 多奈川線：多奈川、深日港、深日町
- 加太線：加太、磯ノ浦、二里ヶ浜、西ノ庄、八幡前、中松江、東松江

∖ 南海電鐵南海本線 ∕

南海本線顧名思義是南海電鐵的主要路線，從大阪端的難波站出發，行經堺、岸和田、泉佐野等地抵達和歌山，以和歌山市站為終點，全長約 65 公里。

玩家對於南海本線最熟悉的部分，應該是由關西空港降落後，搭上造型猶如《鐵人28 號》機器人的「特急 rapi:t」列車，或「空港急行」列車進出大阪。這兩款空港線列車從機場出發，經過跨海大橋，過了臨空城站後於泉佐野站匯入本線，繼續一路向北前往大阪。

另一方面，除了往來難波到機場的特急rapi:t，在南海本線上往來和歌山的車班，則以「特急南方」（サザン）作為招牌，每小時約有 2 班車次。這班特急電車通常有 8 節車廂，其中靠和歌山端的 4 節為指定席車廂，採用「非」字形排列的座椅；靠難波端的 4節則為自由席，內部就是一般通勤電車的樣貌。

作者私語

玩家如果想搭乘指定席，得加付510 日元的特急指定費，自由席則支付基本的運貨即可；換句話說，只要選擇自由席，搭南海電鐵的特急列車也不一定要付特急費喔！

More Fun!
這些地方順路遊

＼友島／

友島位於加太港外，從太平洋經紀勢水道進出瀨戶內海，以及前往大阪與神戶的船隻都會行經此處。因此，友島在二戰期間被軍方相中，封閉全島設立海中軍事碉堡，大肆興建砲台，甚至一度將它從世間通行的地圖中抹去，成為「不存在的島嶼」。戰後，友島納入瀨戶內海國家公園範圍，過往的砲台與彈藥庫部份對外開放，並在網路上被形容為貌似吉卜力工作室早期名作《天空之城》的遺跡，而受到人們矚目呢！

其實許多玩家都曾經從距離友島僅約 1、2 公里處經過，但卻從未發覺它的存在呢！原來當飛機要由南往北降落於關西空港前，無論航班是從機場西邊的台灣、香港出發，或是由東京來的國內線，都會經過友島附近。在島上也三不五時就能聽到民航機通過的聲音，其中泰半是以關空為基地的樂桃航空班機，粉紅色的機腹辨識度極高。

友島曾一度從世間通行的地圖中被抹去，成為「不存在的島嶼」。

友島的面積不大，景緻卻相當優美，因為沒有其他交通方式，必須全程步行；從主要景點徒步一圈，再算上停下來拍照的時間，大約可以在 3 小時內逛完。有些路段沒有水泥或碎石鋪面，只是一般的泥土路面，玩家們最好準備一雙好穿、耐用的鞋子喔！一般的行程大多會由碼頭出發，以逆時鐘的方向沿海岸邊環島，依序造訪第二、第一砲台等景點，接著切進山中登上第三砲台，縱貫穿過山林後再回到碼頭。

★ 第二砲台

第二砲台是座落於海邊的紅磚建築，部份結構已傾毀，很有時代感。從這裡可以往西眺望淡路島方向，是戍守紀淡海峽（由良瀨戶）的關卡；水深達 20 公尺，亦為進出大阪灣的主要動線。

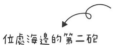

位處海邊的第二砲台，部分紅磚建築已經傾毀，看起來有種歷經滄桑之感。

第三砲台的地下彈藥庫結構完整，還被推為神似《天空之城》的遺跡，頗受歡迎呢！

★ 天空之城 （第三炮台）

　　位在山上的第三砲台，是最常被形容為《天空之城》遺跡之處，地下的彈藥庫結構頗為完整，只是早已人去樓空，顯得相當蒼涼。此外，地下坑道內完全沒有照明設備，樓梯又十分陡峭，地上也不免濕滑，請玩家務必攜帶手電筒或以手機照明，並緩步慢行，以確保安全。

友島燈塔南側有座 135 度經線的子午線廣場

★ 東京 135 度線

　　在友島燈塔的南側廣場，設有 135 度線的地理座標，值得玩家們稍作停留——友島的座標恰好落在東經 135 度的經線上，而它也是日本的標準子午線，日本的 +9 時區就是參照這條子午線所制定（比台灣與香港快 1 小時、比英國快 9 小時）。此外，如果從這裡往正北方走，就會經過後續篇章將介紹的山陽電鐵人丸前站與明石天文台喔！

友島已納入瀨戶內海國家公園的範圍，小島上的景緻十分優美。

加太本身是個安靜的港邊小鎮，很適合放鬆旅行

往友島的客運船班僅限
加太港搭乘喔！

　　玩家若想前往友島，可以在加太港的碼頭搭船（由加太站步行到碼頭約 15 分鐘），航程僅
須 20 分鐘就能到達友島，來回船資為 2000 日元。往來友島的船班平日有 7 班，週末假日會增
加到 10 班，每艘船限乘 100 名遊客；平日的客流量尚能應付，到了假日則會有擠不上船的可
能。建議玩家們在去程時先向業者領取回程船班的整理券，確保有理想時段的船位可以返回加
太港，玩起來也更安心一些。

作者私語
　　島上的碼頭附近有一處住宿地點，
可提供簡單的餐食，除此之外幾乎沒有
食物和飲水的補給地點，所以玩家們
在啟程環島前，最好先準備足量的飲
水（加太港的碼頭可以購買罐
裝水、飲料和食物）。

MILK

\ 四國 /

　　暢遊和歌山之後如果仍感到意猶未盡，玩家們也可以從這裡直接前往日本的四國地區喔！四國雖然是日本 4 個主要大島中最小的一座，但面積仍有 2 萬平方公里，相當於 2/3 個台灣，因此若想好好走遍整個四國，並非短短兩三天可以達成的。

　　在這裡，牛奶杰推薦玩家們到德島走走。從南海電鐵的「和歌山市站」，再搭一站就是終點「和歌山港站」，站內的人行天橋直接連結渡輪碼頭，從這裡搭船到四國的德島港大概需要 2.5 小時，單程船資為 2000 日元。渡輪除了載人，也能搭載大型的貨車和遊覽車，船上的設備相當完善，還設置了餐廳可供用餐。此外，由於渡輪本身是南海電鐵集團麾下的關係企業之一，在和歌山市站就可直接買到鐵路與渡輪的聯運票囉！

從南海電鐵和歌山港站的站內天橋，就能直接通往四國的渡輪碼頭，十分便利。

★ 德島

　　渡輪的下船處為德島縣的德島港，德島縣古名「阿波國」，就是大名鼎鼎的「阿波舞」發祥地，每年 8 月中旬舉辦阿波舞祭時，整個德島會陷入瘋狂狀態，市內外湧進大量旅客。玩家若沒有在 2、3 個月前訂房，大概沒辦法在當下入住德島，此時可能就得考慮落腳高松，甚至是海峽彼岸的和歌山了。

作者私語

　　如果想搭火車暢遊四國，建議購買「四國鐵路周遊券」（All Shikoku Rail Pass）。只要持這張企劃票，就可以在期限內無限次數搭乘四國島上包括 JR 四國在內的每家鐵道公司的車班，連和歌山到德島的渡輪，憑事先預購的兌換券也能享有七折優待呢！

MILK

與和歌山相望的德島是「阿波舞」的發祥地，如今每天都有表演能欣賞。

1Day

出發
大阪難波站

搭南海電鐵至
和歌山市站

**搭乘南海加太線的
吉慶鯛電車**

搭船至友島

友島散步環島

搭船返回加太港

加太港淡嶋神社、
泡溫泉

搭南海電鐵至
和歌山大學前站

AEON Mall 逛街購物

搭南海電鐵返回
大阪難波站

解散
難波

儘管這是神道教信仰的一環，但我
們對「人形」的接觸經驗常來自於恐怖
電影，因此初見到那麼多娃娃圍著神
社，還真令人有些毛骨悚然呢！

★ 加太港淡嶋神社

這座神社的創建時間已不可考，經推算約在仁德天皇在位期間，相當於西元 300 年到 400 年間，至今已有千年歷史。

在神社的朱紅拜殿外圍迴廊與地面，擺放著信徒們奉納的日本娃娃，造型多是白面黑長髮，少數娃娃則沒有頭髮，總數估計有 2 萬尊左右，數量相當可觀。

Japan Rail

山陽電鐵

　京阪神一帶的關西地區，由於私鐵路線發達，載客量也相當驚人，氣勢完全不輸過去有官方背景撐腰的 JR 西日本旅客鐵道會社，因此享有「私鐵王國」的美稱。不過，相較於路網從大阪市區出發的阪急、阪神、南海、京阪電鐵與近鐵等業者，聯絡神戶和姬路的山陽電鐵，以市場及知名度來說就沒有那麼吃香了，算是頗容易被旅人們忽略的一家地方私鐵公司與路線。

山陽電鐵路線圖

三陽姫路
- 手柄
- 亀山

三陽姫路 — 手柄 — 亀山 — 飾磨 — 西飾磨 — 夢前川 — 広畑 — 山陽大満 — 平松 — 山陽網干

山陽網干 ／ 平松 ／ 山陽大満 ／ 広畑 ／ 夢前川 ／ 西飾磨 ／ 飾磨 ／ 妻鹿 ／ 白浜の宮 ／ 八家 ／ 的形 ／ 大塩 ／ 山陽曽根 ／ 伊保 ／ 荒井 ／ 高砂 ／ 尾上の松 ／ 浜の宮 ／ 別府 ／ 播磨町 ／ 西二見 ／ 東二見 ／ 山陽魚住 ／ 西江井ヶ島 ／ 江井ヶ島 ／ 中八木 ／ 藤江 ／ 林崎松江海岸 ／ 西新町 ／ 山陽明石

三陽姫路
- 手柄
- 亀山

山陽網干 ／ 平松 ／ 山陽大満 ／ 広畑 ／ 夢前川 ／ 西飾磨 ／ 飾磨 ／ 妻鹿 ／ 白浜の宮 ／ 八家 ／ 的形 ／ 大塩 ／ 山陽曽根 ／ 伊保 ／ 荒井 ／ 高砂 ／ 尾上の松 ／ 浜の宮 ／ 別府 ／ 播磨町 ／ 西二見 ／ 東二見 ／ 山陽魚住 ／ 西江井ヶ島 ／ 江井ヶ島 ／ 中八木 ／ 藤江 ／ 林崎松江海岸 ／ 西新町 ／ 山陽明石

三陽姫路
- 手柄
- 亀山

山陽網干 ／ 平松 ／ 山陽大満 ／ 広畑 ／ 夢前川 ／ 西飾磨 ／ 飾磨 ／ 妻鹿 ／ 白浜の宮 ／ 八家 ／ 的形 ／ 大塩 ／ 山陽曽根 ／ 伊保 ／ 荒井 ／ 高砂 ／ 尾上の松 ／ 浜の宮 ／ 別府 ／ 播磨町 ／ 西二見 ／ 東二見 ／ 山陽魚住 ／ 西江井ヶ島 ／ 江井ヶ島 ／ 中八木 ／ 藤江 ／ 林崎松江海岸 ／ 西新町 ／ 山陽明石

普通

尼綺　甲子園　西宮　芦屋　魚崎　御影　阪神神戸三宮　元町　西元町　高速神戸　新開地　大開　高速長田　西代　板宿　東須磨　月見山　須磨寺　山陽須磨　須磨浦公園　山陽塩屋　滝の茶屋　東垂水　山陽垂水　霞ヶ丘　舞子公園　西舞子　大蔵谷　へ（？）

阪神神戸三宮
花隈

S特急

尼綺　甲子園　西宮　芦屋　魚崎　御影　阪神神戸三宮　元町　西元町　高速神戸　新開地　大開　高速長田　西代　板宿　東須磨　月見山　須磨寺　山陽須磨　須磨浦公園　山陽塩屋　滝の茶屋　東垂水　山陽垂水　霞ヶ丘　舞子公園　西舞子　大蔵谷　へ（？）

阪神神戸三宮
花隈

直通特急

尼綺　甲子園　西宮　芦屋　魚崎　御影　阪神神戸三宮　元町　西元町　高速神戸　新開地　大開　高速長田　西代　板宿　東須磨　月見山　須磨寺　山陽須磨　須磨浦公園　山陽塩屋　滝の茶屋　東垂水　山陽垂水　霞ヶ丘　舞子公園　西舞子　大蔵谷　へ（？）

買這張票最划算！

\ 姫路旅遊券 /

　　山陽電鐵針對外國遊客推出了 2,000 日圓售價的「姬路旅遊券」，提供從關西空港到姬路的一日乘車折扣。玩家們從關西機場出發後，搭乘南海電鐵到難波站（此區間為單程票），接下來再轉搭阪神電鐵和山陽電鐵直達姬路（此區間可不限次數進出站）。

　　不過，若購買 KTP，無論是兩日版或三日版，一天的平均成本都不會超過 2,000

日元，有效範圍卻遠大於「姬路旅遊券」。因此，這張企劃票較適用於「從關空去姬路」，且只有一天自由行安排的玩家；至於規劃了其他豐富行程的玩家們，可以再多方比較試算。

神戶街遊一日優惠券

　　「神戶街遊一日優惠券」是張頗為特別的觀光主題企劃票，玩家們購買後不但可以享有神戶電車基本區間的乘車優惠，還會拿

姬路旅遊券 (HIMEJI TOURIST PASS)

- ¥ 價格：2,000 円（僅販售成人版）
- 販售地點：國內各大旅行社、日本關西空港「關西旅遊情報中心」
- ! 注意事項：搭乘南海電鐵時，僅能選擇空港特急或普通車，搭乘「特急ラピート」須另外支付特急費。

三宮姬路一日乘車券

三宮・姬路 1day チケット

- ¥ 價格：1,400 円（僅販售成人版）
- 販售地點：山陽電鐵、阪急電鐵、阪神電車等指定車站窗口（詳情請洽官網）

神戶街遊一日優惠券

神戶街めぐり 1day クーポン

- ¥ 價格：950 円（基本版）
- 販售地點：神戶市營地下鐵、阪急電鐵、阪神電車等指定車站窗口（詳情請洽官網）

到能在各觀光景點使用的 700 日圓抵用券，以及神戶市區觀光巴士「City Loop 一日券」的折價券。這張企劃票還分成春夏及秋冬兩版，以及各種地區的擴大版本，選擇相當多元呢！

作者私語

除了「姬路旅遊券」之外，山陽電鐵還販售從不同地區出發前往姬路的一日乘車券，如售價 1,400 日圓的「三宮姬路一日乘車券」（三宮姬路 1day チケット），玩家們可以依照自己的行程安排，選擇適合的企劃票券喔！

02 *About here!*
山陽電鐵，原來如此！

　　許多運用 KTP 票券前往姬路拜訪世界遺產城堡的玩家，途中都曾搭乘山陽電鐵的列車，但多數人常是匆匆路過，鮮少會留意山陽電鐵的沿途亮點。其實這一路上不乏有趣的車站與定點，值得玩家們中途下來走走喔！

常被 KTP 旅客「路過」的路線

山陽電鐵會社旗下目前經營的兩條路線，分別是從神戶市西代站到姬路市山陽姬路站的「山陽電鐵本線」（54.7 公里），以及途中岔出的支線「網干線」（8.5 公里）。在網干站以西的區間，早年曾有繼續往岡山延伸的想法，不過在目前可見的未來，應該還不會付諸實現。

在本線上運行的列車，於地下化的西代端可通往「神戶高速鐵道」的路線，再直達「阪神本線」或「阪急神戶線」，因此也能夠搭載從大阪梅田出發，往來神戶、明石與姬路的乘客，藉此與路線幾乎完全平行的「JR山陽本線」競爭。其中，「山陽明石站」與「山陽姬路站」，是山陽電鐵上下車旅客排名前兩位的車站喔！

關東地區私鐵發達，有「私鐵王國」的美稱（圖為京阪電車）。

山陽電鐵有些區間的鐵道，因為地勢關係貼著海岸線而行，乘客們能夠欣賞到車窗外的美麗海景。

與 JR 並行的臨海列車

　　山陽電鐵的列車從神戶的西代站向西出發，過了板宿站之後由地底鑽出地表，接著便沿瀨戶內海的北岸行駛；在山陽須磨站到大藏谷站之間，由於山勢擠壓空間有限，鐵道幾乎是貼著海岸線鋪設，從車窗望出的美麗海景令人嚮往。此外，山陽電鐵跟 JR 山陽本線的軌道近在咫尺，常會見到雙方列車彼此並肩行駛的畫面。

山陽電鐵是家容易被旅人忽略的地方私鐵公司

　　附帶一提，JR 山陽本線的前身，是由政府向私鐵業者「山陽鐵道會社」收購而來，納入國有鐵道的路網以利戰略調度；山陽鐵道會社與目前的山陽電鐵是沒有繼承關係的。存在於明治年間的山陽鐵道，路線從神戶一路直達下關，總長超過 500 公里，有許多嘗試新事物的空間與需求，因此曾是日本開行特急列車、寢台列車，與設立鐵道旅館等多元服務的先驅呢！

Here we go!
山陽電鐵玩什麼？

\ 神戶三宮站 /

　　雖然山陽電鐵的東側起點應該是西代站，但由於行經此處的列車無論快慢等級，都會直通運轉到阪神或阪急電鐵的三宮站，因此三宮反而更有神戶端點的意味。神戶是關西的重要港都，作為當年應西方列強要求率先開放的 7 座港口之一，從很早開始便留下東西文化交流的痕跡，市內許多地方也具有濃厚的西洋風情。

★ 北野異人館

　　靠近 JR 與地鐵新神戶站一帶的北野坂山坡上，過去曾是西方商人的住所，一棟棟西洋宅邸如今化身為「北野異人館」建築群，開放讓民眾體驗參觀，感受當時西方人在神戶的生活。鄰近港邊的元町與居留地一帶，則是洋行的辦公室和倉庫，留有些許西式的石造建築物。此外，港邊的洋風老屋不受阪神大地震影響，在原有基礎上繼續往天空增建玻璃帷幕大廈，形成了融合不同世代風貌的建築群。

作者私語
　　阪神、阪急電鐵各有一座神戶三宮站，前者位於阪神百貨的地底（山陽電鐵的直通列車以聯繫阪神為主），阪急的神戶三宮站則是高架站體。兩座神戶三宮站與 JR 的「三之宮站」（三ノ宮駅）比鄰而居，可以彼此轉乘，相當方便呢！

異人館具有濃厚西洋風情的老建築群，能讓民眾感受早年西方人在神戶的生活。

★ City Loop 循環巴士

由於各鐵道路線在神戶市內多為東西走向，玩家若要造訪觀光景點，可以考慮搭乘「City Loop 循環巴士」（單程 260 日元、一日券 660 日元，KTP 不適用）。要特別注意的是，神戶市內最熱鬧的地方是三宮站週邊，而非 JR 的神戶站附近，所以 City Loop 循環巴士是以三宮為節點，呈 8 字形循環行駛的喔！

玩家造訪神戶時，可以考慮搭乘 City Loop 循環巴士前往各個景點喔！

＼板宿站／

板宿站是山陽電鐵的一座地下化車站，位於神戶市街的大馬路底下，也是山陽電鐵與神戶市營地下鐵的交會站。

★ 電車 LAWSON

車站改札口外的非付費區，有一間山陽電鐵與便利商店業者 LAWSON 合開的站內商店。門市於 2016 年翻修時，特別採用電車的造型進行外觀設計；且毫不令人意外地，選擇了山陽電鐵在 2016 年 4 月剛登場的──6000 系新電車的外型與塗裝，是一間非常特別的便利商店。

板宿站有一間與 LAWSON 合作經營的站內便利商店，外型猶如電車一般，相當獨特。

\ 須磨浦公園站 /

「須磨浦公園站」的設站目的跟同名公園有關，須磨浦公園是一座神戶的市立公園，從站外步行即可抵達。園內的梅林在春季盛放時，會吸引大批民眾前來賞花，且公園附近還曾是源平合戰的古戰場喔！

★ 須磨浦山上遊樂園

須磨浦公園站本身就可以連結山陽電鐵關係企業所經營的山上遊樂園，旅客搭電車到站後，只要轉身往站房的樓上走，就會看到空中纜車（須磨浦ロープウェイ）的車站了。纜車日間每逢 0、15、30 與 45 分發車，憑 KTP 雖不能直接搭乘，但 KTP 所附的折扣券可享車資優待（請向工作人員購票，勿使用自動售票機）。

遊樂園本身是昭和時代的產物，已有點年歲，儘管從山上眺望海岸的景色十分優美，但感覺上除了帶小小朋友郊外踏青外，對於一般成年人可能不太有吸引力。不過，正是在這種有點年紀的遊樂園裡，才藏有難得一見的寶物！

★ 登山電動椅 CarLator

遊樂園裡有一座室內的登山電動椅「カーレーター」（CarLator），定位在交通工具與遊樂設施之間，非常特別。它服役至今已超過半世紀，當初日本共有兩套類似的裝置，如今僅存須磨浦山上遊園這套仍建在，滋賀縣琵琶湖那套早在 1975 年就廢止了。

在懸吊座椅纜車或電扶梯都更省成本的現代，這套殘存的 CarLator 無疑是交通迷眼中的稀世珍寶。

如果訪問在神戶長大的小朋友們，腦海中對 CarLator 有印象的人，最鮮明的記憶點竟然是「那個非常吵的椅子」呢！

﹨瀧之茶屋站﹨

　　列車繼續向西行駛，普通車、S 特急，與上下班時段的直通特急列車，都會停靠「瀧之茶屋站」（滝の茶屋駅）。本站因為地勢較高，在西向電車停靠的南側月台，可以從高處眺望瀨戶內海遼闊的景緻。據說在天氣良好時，連關西空港、紀伊山地，甚至是四國的景色都能飽覽無遺呢！

﹨山陽垂水站﹨

　　「MITSUI OUTLET PARK 瑪林匹亞神戶」是三井集團在關西地區經營的園區式大型購物中心，擁有 130 多間店舖。園區座落於海岸旁，還設有遊艇碼頭，充滿了異國的海港情調。在這裡能就近欣賞明石海峽大橋，即便沒有特別想逛的店舖，也能夠來散散步或品嘗美食。從山陽垂水車站步行到購物中心約需 10 分鐘，週末假日還會運行免費接駁巴士。

\ 舞子公園站 /

　　神戶除了有這些細緻的小品建築吸引旅人駐足，海岸邊更有令人嘆為觀止的大型建築——壯觀的明石海峽大橋。玩家們從山陽電鐵的「舞子公園站」或「JR 舞子站」下車後，在月台上就可以一睹明石海峽大橋雄偉的橋身了。

★ 明石海峽大橋

　　全長將近 4 公里的明石大橋，跨越有「瀨戶內海咽喉」之稱的明石海峽，以高速公路連接本州與淡路島，是本州和四國之間的重要通道。明石大橋兩座橋塔之間的跨距達 1991 公尺，自 1998 年落成以來，仍是全球橋樑的最長跨距紀錄保持者。橋塔本身高

297 公尺，接近東京鐵塔的高度，比過去蟬聯台灣最高建築多年的新光人壽摩天大樓多出 50 幾公尺呢！

明石大橋兩座橋塔間的超長跨距，
至今仍是全球紀錄保持者。

★ 透明空中走道

如果覺得站在橋下仰望不夠過癮，可以從橋座搭電梯直上，明石海峽大橋附有一座供人見學的設施——離水平面近 70 公尺高的展覽室（相當於路面的底層）。展覽室裡除了介紹海峽大橋前後超過 20 年的設計與施工過程外，還有一段設置了透明地板的空中走道，讓參觀者可以步行在海峽上空，體驗騰雲駕霧的新奇感受。

展覽室外有一段設置透明地板的空中走道，來到這裡不妨試試膽量，走在海峽上空的機會可不是天天都有喔！

★ 刺激的橋塔體驗

膽大且沒有懼高症的玩家，推薦報名參加橋塔體驗。活動內容是先在簡報室聽取安全說明，並欣賞講述海峽大橋興建原委及過程的紀錄片；接著到大橋旁的「橋之博物館」聆聽現場導覽，最後就是重頭戲登場啦！

參加者們將被分成 3 個班，由工作人員帶領，登上高速公路橋面車道底下的另一個工作廊道，步行至靠近神戶端的橋塔後，再搭工程用的電梯直上橋塔頂端，從將近 300 公尺的空中俯瞰海峽全景。

作者私語

整個過程約需 3 個半小時，費用是 3000 日元，牛奶杰覺得非常物超所值，有機會一定要體驗一次！要注意的是這個活動有名額限制，感興趣的玩家務必先從網路報名，並在指定時間準時報到。

MILK

★ 移情閣

　　大橋旁原名「移情閣」的建築，曾是孫中山在海外奔波時留宿過的華僑宅邸，現保留作為孫中山紀念館，移情閣原址其實位在海峽大橋工程的預定地上，後來才遷移到目前的位置重組。

　　這裡也是觀賞明石海峽大橋夜景的絕佳地點之一，從傍晚點燈到 11 點為止，大橋會有多達 30 種的燈光變化，吸引不少民眾與情侶駐足觀賞，人氣指數絕對不輸東京灣畔因多齣日劇取景而聞名的彩虹大橋呢！

登橋體驗的玩家能夠從近 300 公尺的
橋塔上俯瞰海峽全景。

＼西舞子站／

　　西舞子站外，有一棟很特別的居家住宅，喜歡建築主題的玩家一定不能錯過！

★ 4 x 4 House

　　這棟由日本當代建築大師──安藤忠雄所設計的樓宇，結構像是將 3 個正方體積木疊在一塊（最頂層的還刻意歪了一些些），外觀採安藤慣用的「清水模」（清水混凝土）為牆面，臨海的部分則選用大面積落地窗，將沿岸第一排的無敵景色收進屋中，相當特別。

　　此案是日本知名的《BRUTUS》雜誌在千禧年時提出的企劃，讓讀者投稿寫出自己夢想中住宅的樣貌，如果剛好打中了合作建築師的心坎，他就會真的幫你付諸實行。最終獲得安藤忠雄注意的夢想住宅，得在 4 平方公尺的侷促基地上，蓋一棟能盡量納進海景的房屋，難度相當高；投稿者（也就是後來的屋主）則僅是本地的上班族而非富豪，能擁有這樣的房子，可說是三生有幸呢！

> 作者私語
>
> 　　4 x 4 House 由安藤忠雄設計，把 3 個正方體像積木般疊在一塊，克服了地基狹小的不良條件，打造出坐擁無敵海景的夢想住宅。

＼人丸前站／

人丸前站的名稱由來，乃因位於「明石城」附近的人丸山前，玩家如今只要站在月台上，就可以望見明石城的一部份。若要實際前往登城的話，則從隔壁的山陽明石站，或 JR 的明石站下車，能再省點步行距離。

★ 標準子午線經過

人丸前站的月台上，有一樣值得注意的特點——地面上平整地斜切過月台表面的直線，這條線段表示著東經 135 度，也就是日本的標準子午線；此外，人丸前站也是日本唯一設址於 135 度線上的車站。該線段筆直朝向不遠處山丘上的明石天文台，天文台的鐘塔正象徵著日本標準時；附近的郵局也以子午線為賣點，從這裡寄出的信件都會蓋上專屬的風景郵戳。

人丸前站的月台上那條斜切過月台
的直線，是日本的標準子午線喔！

距離人丸前站不遠的山丘上，座落著
象徵著日本標準時間的明石天文台。

日本標準時

　　現代的時區制度在 1884 年完成協議，日本於 1888 年元旦起正式實行，以東經 135 度為標準子午線，並採用比倫敦格林威治天文台快 9 小時的 GMT+9 時區（相當於現在的 UTC+9 時區）。而「日本標準時間」實際是由「情報通信研究機構」（NICT）以 12 座原子鐘進行校準，位置在東京都的小金井市；JR 武藏小金井站內為此設有標準時鐘，在跨年等倒數場合常吸引民眾聚集。

＼ 飾磨站 ／

　　飾磨站是山陽電鐵本線與網干線的分歧點，主線通往姬路，分岔的支線則連結至山陽網干站。飾磨站的月台設計為「凹」字型，外側的兩條軌道供山陽本線的雙向列車停靠，中間內凹的一條股線則讓網干線的普通車停靠（它會折返行駛於本站與網干站之間）。普通車停靠時會將兩邊的車門都開啟，方便乘客雙向轉車；乘客可以透過凹字型月台的銜接處平面轉乘，免於上下樓梯。

飾磨站的月台為特殊的「凹」字型，中間內凹的一股供網干線的普通列車停靠。

作者私語
　　凹字型月台的尾部開了一間「山陽蕎麥麵」，是山陽電鐵旗下的連鎖立食麵店，想體驗等車時站著吃完烏龍麵的玩家，可以在這裡試試喔！

＼龜山站／

飾磨站隔壁的「龜山站」（亀山駅），跟台鐵宜蘭線上的龜山站同名，兩者在 2014 年締結為姊妹站，並規劃了車票交換的企劃活動。山陽電鐵與台鐵的這兩座龜山站，平時都是沒有站務員值勤的「無人站」，但兩者座落的環境卻截然不同。

台鐵的龜山站鄰近海邊，乘客在附近區間可遠眺海面上的龜山島，景色十分怡人。山陽電鐵的龜山站則處在姬路市郊的住宅區，以通勤乘客為主，午間時段的乘客相當稀少；但定型化班表每小時仍固定安排 8 班普通列車停靠（尖峰時段增為 10 班），班次密度頗高，有興趣的玩家很容易造訪。

山陽電鐵的龜山站與台鐵的車站同名，兩者在 2014 年時締結為姊妹站。

山陽電鐵的龜山站各處貼有跟台鐵締結的文宣，推廣相當賣力！

作者私語
　　山陽電鐵在站內各處都貼上了與台鐵締結為姊妹站的文宣，推廣相當賣力，玩家們造訪姬路時若路過這座小站，不妨停下來打個卡，幫山陽的龜山站聚聚氣囉！順道一提，日本除了這裡之外，在三重縣也有一座 JR 東海的龜山站。

MILK

\ 山陽姬路站 /

姬路本身不算是一線的大城，但每年都會吸引不少海內外遊客造訪，大家的目標就是大型的日式城堡「姬路城」。

山陽姬路站與 JR 姬路站前的大馬路為「大手前通」，道路彼端就正對著姬路城，而 2015 年改建完成的 JR 姬路站站房，還新增了一個大型的木質陽台，是從車站眺望城堡的好地方。

★ 姬路城

遊客可以直接從車站步行前往姬路城，或在站內的旅遊服務中心免費登記借用腳踏車，但取車地點位在大手前通的地下停車場，大約已在路程的一半之處，要特別注意。

姫路城目前保有 74 棟建築物，整體規模算是數一數二完整，如果玩家這輩子只打算造訪一座日本城堡，那首選應該非姫路城莫屬了！這座城堡曾在 2009 年至 2015 年間進行「平成大整修」，解體替換腐壞的木造結構後，再重新組裝，工程相當浩大；完工後的天守看起來煥然一新，不負其「白鷺城」的美名。

★ 姫路文學館

如果說姫路城是 17 世紀日本建築工藝的象徵，那麼姫路城背面的姫路文學館，就是 20 世紀末的建築風格代表。文學館的設立用意，在於保存與介紹本地具代表性的文學作品與作家。其廳舍建築出自安藤忠雄之手，靈活地將慣用的清水模、大面積玻璃、水池、瞭望台等設計元素融入地景。喜歡安藤建築的玩家若來到姫路，別忘記這座隱身於城堡背後巷弄中的作品喔！

姫路城約建於 1346 年，過去曾是黑田家的城堡，裡面最醒目的天守閣則約在 1600 年代完成，如今不但是日本 12 座現存的木造天守之一，更名列 5 件國寶城堡之一。同時，它還是日本第一件列入聯合國教科文組織（UNESCO）世界化遺產名單的古蹟，也是目前唯一的日式城堡！

姫路文學館是安藤忠雄的作品之一

JR 姬路站的木質陽台是
眺望城堡的好地方

🍴 STARBUCKS 神戶西舞子店

玩家既然來到了西舞子站，欣賞完特殊的 4x4 House 後，不妨到僅隔幾戶距離的星巴克坐坐。這間擁有車道與停車場的街邊店，位處馬路與海岸之間，隔著防波堤就可以親近海浪。點好飲料上到 2 樓座位區，映入眼簾的便是朝向明石海峽大橋的挑高大落地窗，店內的沙發座椅也都面朝大橋方向，視野絕佳，是欣賞大橋景觀的好地方。

想要更親近海風的顧客，可以選擇戶外的陽台座位區，如果在落日時分造訪，氣氛應該會更加浪漫喔！

🍴 明石燒

山陽電鐵沿線最具在地特色的庶民美食，應該就是明石燒了！明石燒的模樣與我們熟悉的章魚燒相當類似，但明石燒的製作過程使用了無筋麵粉，跟一般章魚燒相比口感更為軟嫩（正統日式章魚燒的口感也非台灣的紮實喔）。店家會將一顆顆金黃色的明石燒丸子整齊鋪在板子上，端上桌時相當有氣勢，道地的吃法分成乾式與濕式兩種，濕式會沾高湯配著吃，十分特別。

明石燒在明石人口中其實稱作「玉子燒」，市內的玉子燒店舖有近百家，離明石港不遠的「本家木村屋」（本家きむらや）據說是明石燒的創始店。位在鐵道高架橋底下「Tokemeki 橫丁」（明石ときめき橫丁）內的「松竹」滋味也不錯，而且從山陽明石站或 JR 明石站步行前往僅需 2 分鐘即可到達。

明石燒跟章魚燒很類似，但明石的居民會把它當成主餐來食用。

這條路線順道搭

＼阪神本線／

山陽電鐵的特急列車在神戶端，會和阪神電鐵的本線直通運轉，繼續開往大阪方向的阪神梅田站；途中，經過尼崎站時會再分出一條往難波的路線，是聯絡大阪市區南半部的方便捷徑。

阪神電鐵這家老牌的私鐵公司，專營大阪到神戶之間的生意已經超過一世紀，該品牌的名稱會這麼廣為人所熟知，也得力於它的兩項關係企業經營得有聲有色——日本職棒的阪神虎隊，以及阪神百貨公司。

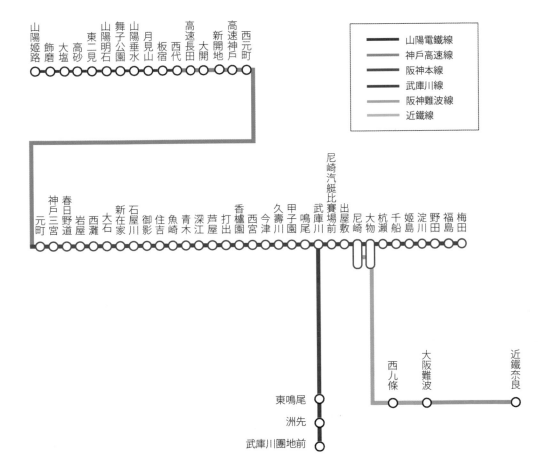

阪神本線路線圖

圖例：
- 山陽電鐵線
- 神戶高速線
- 阪神本線
- 武庫川線
- 阪神難波線
- 近鐵線

★ 甲子園站

　　阪神虎隊的主場，正是大名鼎鼎的「甲子園棒球場」，且阪神本線的甲子園站就位於球場外。這裡除了作為職棒比賽場地，也是每年春、夏季舉辦高中棒球「甲子園賽」的殿堂，為日本棒球界的聖地。來自嘉義的 KANO，當年便是跨海到這座球場征戰。

　　如果可以，牛奶杰建議在 2018 年一定要去看一場高中的夏季甲子園賽（全國高等學校野球選手權大會，通稱「夏甲」。）因為這不但是出生於 20 世紀的人們能參加的最後一屆夏甲，更是值得紀念的第 100 屆夏甲大會！此外，由於今上天皇明仁預定於 2019 年春季退位，所以這也是最後一場「平成」年間的高中甲子園賽了。

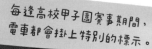

每逢高校甲子園賽事期間，電車都會掛上特別的標示。

甲子園賽殘酷的單淘汰賽制,上演過許多
一球定勝負的局面,曾讓不少年輕選手在
球場流下淚水呢!

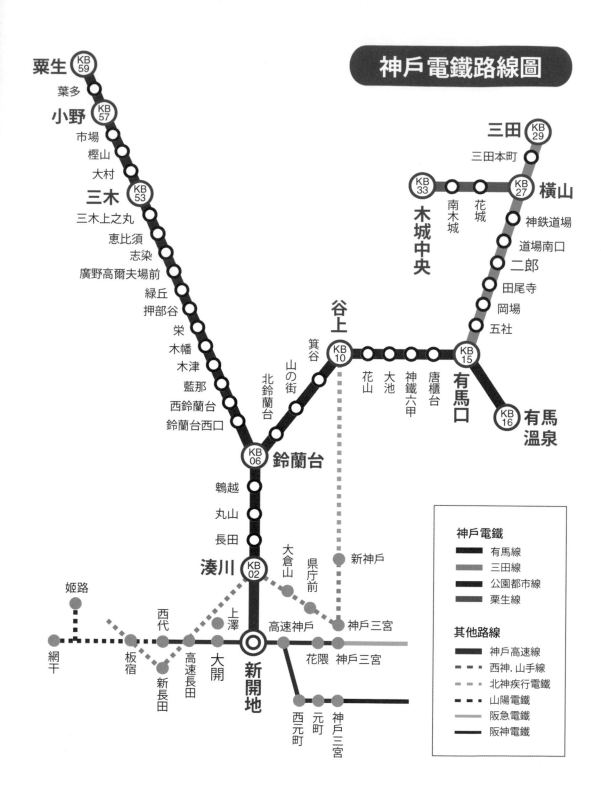

神戸電鐵路線圖

粟生 KB59
葉多
小野 KB57
市場
樫山
大村
三木 KB53
三木上之丸
恵比須
志染
廣野高爾夫場前
緑丘
押部谷
栄
木幡
木津
藍那
西鈴蘭台
鈴蘭台西口
北鈴蘭台
鈴蘭台 KB06
鵯越
丸山
長田
湊川 KB02
大倉山
県庁前
新神戸
山の街
箕谷
谷上 KB10
花山
大池
神鐵六甲
唐櫃台
有馬口 KB15
有馬溫泉 KB16
木城中央 KB33
南木城
花城
横山 KB27
三田 KB29
三田本町
神鉄道場
道場南口
二郎
田尾寺
岡場
五社

姫路
網干
板宿
西代
新長田
高速長田
大開
上澤
新開地
高速神戸
花隈
神戸三宮
神戸三宮
元町
西元町

神戸電鐵
━━ 有馬線
━━ 三田線
━━ 公園都市線
━━ 栗生線

其他路線
━━ 神戸高速線
╍╍ 西神.山手線
┈┈ 北神疾行電鐵
▪▪▪ 山陽電鐵
━━ 阪急電鐵
━━ 阪神電鐵

神戶電鐵有馬線為有馬溫泉的主要對外交通，從新神戶站到有馬溫泉搭電車僅需半小時。

\ 神戶電鐵 /

　　有馬溫泉作為關西地區的知名溫泉鄉之一，十分受到當地居民和遊客的喜愛，而神戶電鐵的有馬線，則是此地最主要的對外交通；玩家們結束山陽電鐵旅行後，便可以直接在新開地站轉乘有馬線上山。

　　或者，先前往阪神、阪急電鐵的神戶三宮站，轉搭神戶市營地下鐵的西神·山手線；地鐵在新神戶站之後，會與全程在山岳隧道中穿梭的「北神急行電鐵」直通運轉，到達終點就可以換搭有馬線了。儘管後者看起來比較複雜一些，但以距離來說，卻是阪神都會區往來溫泉鄉的捷徑路線喔！

金之湯、銀之湯與太閤之湯是有馬溫泉主要的湯屋浴場。

06

More Fun!
這些地方順路遊

\ 有馬溫泉 /

關西的「有馬溫泉」與紀伊半島的「白濱溫泉」、四國松山的「道後溫泉」,合稱「日本三大古湯」,長久以來便是關西居民喜愛的療癒去處。

有馬溫泉的源泉包括富含鹽分與鐵的「鹽化物泉」、微量鐳元素的「放射能泉」,以及碳酸離子為主的「碳酸氫鹽泉」等三種。其中,含鐵的鹽化物泉泉水會呈現赤褐色,稱之為「金泉」,鐳溫泉與碳酸泉則是「銀泉」──這兩種稱呼可是有馬溫泉的註冊商標呢!在溫泉街範圍內,主要的外湯湯屋則有金之湯、銀之湯,與太閤之湯等。

作者私語

有馬溫泉位於六甲山上,距離神戶或大阪都很近,兩地居民只要搭電車,不到 1 小時的車程就能抵達著名的溫泉鄉,令人相當羨慕。

MILK

\ 新長田站鐵人 28 /

　　以漫畫《三國志》在台灣擁有一定知名度的日本已故漫畫家——橫山光輝，早期作品《鐵人 28 號》（鉄人 28 号）於 1956 年推出後紅極一時；即便到了今日，在盤點日本具代表性的機械人動漫作品時，「鐵人 28 號」仍是不同世代的動漫迷都知悉的角色。

　　橫山光輝出生於神戶，因此在神戶新長田的若松公園內，立有一座「鐵人 28 號」的 1:1 模型，約 6 層樓高的機械人在都市廣場上擺出招牌姿勢，相當引人注意，是本地的吸客地標；廣場附近的派出所甚至掛上了「鐵人 28 號前交番」的別名呢！

作者私語
　　「鐵人 28 號」的模型位在新長田站附近，玩家們可以從山陽電鐵的板宿站轉搭山陽地鐵「西神・山手線」抵達（持 KTP 可免費搭乘）；此外，模型的位置離 JR 新長田站也不遠喔！

Great Itinerary!

跟著達人這樣玩　山陽電鐵一日／三日小旅行

1Day

出發
神戶三宮站

搭山陽直通特急至
山陽姬路站

姬路城

搭山陽直通特急至
舞子公園站

**明石海峽大橋、
橋博物館**

搭山陽直通特急至
神戶三宮站

解散
神戶三宮站解散

Day1

出發
神戶三宮站

① 搭山陽地鐵至板宿站

② 轉搭神戶地鐵「西神・
山手線」至新長田站

**尋找新長田
「鐵人 28 號」模型**

搭山陽電鐵至
須磨浦公園站

須磨浦公園纜車

搭山陽電鐵至西舞子站

**觀賞 4*4 建築、到星巴
克欣賞明石海峽大橋**

搭山陽電鐵至
山陽姬路站

姬路過夜

Day2

出發
姬路

租借自行車

姬路城 + 好古園

姬路文學館

姬路市立美術館

兵庫縣立歷史博物館

歸還自行車

姬路過夜

Day3

出發
姬路

搭山陽直通特急至
舞子公園站

**明石海峽大橋、橋博物
館、橋塔登高體驗**

搭山陽電鐵

**① 山陽垂水站：
「MITSUI OUTLET PARK
瑪林匹亞神戶」購物**

**② 轉車前往有馬溫泉
（見 P212）**

美術館的百年紅磚館舍建築，來自陸軍使用的舊倉庫。

★ 姬路市立美術館

美術館於 1983 年開幕，以典藏與宣傳姬路當地藝術創作者的作品為宗旨，並以市民國富奎三捐贈的 50 多幅畫作為典藏基礎，進行常設展；其他作品還包含日本畫、油畫、水彩、雕刻、東山燒，及刀劍等典藏文物。

美術館本身的腹地過去也是姬路城的一部分，明治年間則成為陸軍第十師團的用地；美術館目前使用的 L 形紅磚建築，就是陸軍當時的倉庫，本身已超過百歲的歷史。

★ 兵庫縣立歷史博物館

兵庫縣有著威名遠播的姬路城，卻也因為名聲太響亮，常讓人以為這裡的歷史故事就只有戰國時代與城堡了！

為此，兵庫縣立歷史博物館於 1983 年開館，儘管仍得不免俗地介紹姬路城，卻也有機會跟平台向人們展示兵庫的其他歷史軌跡。包括源平合戰、佛教傳承、古文書、東山燒，乃至於從江戶到現在的庶民生活等文化瑰寶。

作者私語

歷史博物館位於姬路城北面，離美術館也僅一路之隔，非常適合串聯遊覽。館內的 1 樓展區提供遊客免費參觀，2 樓展區（含企劃展）才須額外收費。

MILK

07

Japan Rail

SUNRISE 出雲號

有別於在日本旅行的多數夜晚,是搭車抵達了目的地再到旅館 check in 休息,今晚我要讓「旅館」直接載著我前往下一個旅遊區域!這回的行程將搭乘寢台列車,從東京前往數百公里外的山陰地區,而夜裡伴隨星光、日初時迎接晨曦的休息之處,就是列車上那只容一個人躺臥的小隔間啦!

SUNRISE出雲號

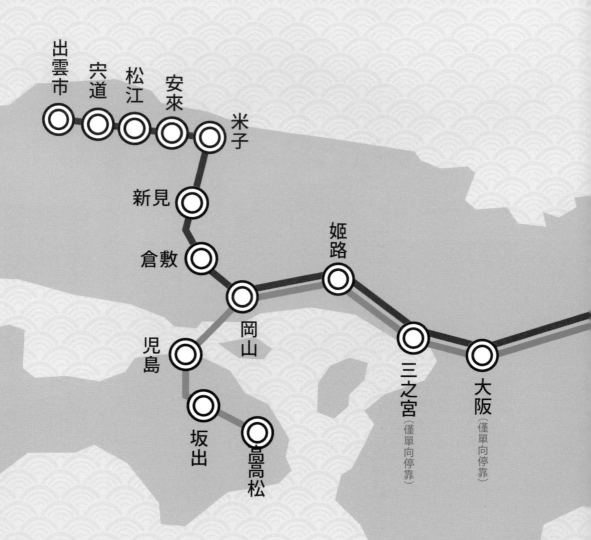

出雲市　宍道　松江　安來　米子

新見

倉敷

姫路

岡山

児島

三之宮（僅單向停靠）

大阪（僅單向停靠）

坂出

高松

―――― SUNRISE出雲號路線圖（往返出雲）
―――― SUNRISE瀨戶號路線圖（往返高松）

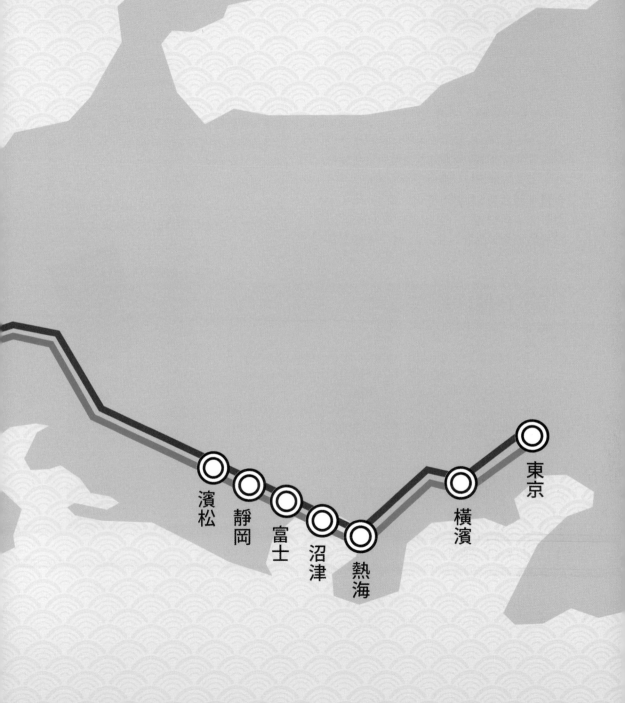

01

Best Ticket!
買這張票最划算！

\ 日本鐵路通票 /

玩家們如果想體驗在 SUNRISE 出雲號上過夜，會需要一張「日本鐵路通票」（JR Pass 全國版），這麼一來便能從山陰地區上車，一路睡到東京（或是反方向）。

使用 JR Pass 全國版搭乘一般的特急列車時，可以抵銷所有票款；但遇到要在寢台列車過夜的情況，只能折抵基本運賃，「特急費＋寢台費」得額外支付，是 JR Pass 全國版的少數缺憾之一。不過在 SUNRISE 出雲號的場合，由於 Nobinobi 席在定義上是「指定席」而非「床舖」，所以憑 JR Pass 全國版劃 Nobinobi 席是免付額外費用的喔！

玩家如果在票券期限的最後意一天搭乘 SUNRISE 出雲號，依然能搭到寢台列車的下車處，不用擔心待在車上過了半夜就得開始補票。但這點僅限過夜列車本身，玩家如果搭寢台下車後得轉乘其它列車，無論有沒有離開車站的付費區，後續行程均得另外付費喔！舉例來說：搭 SUNRISE 出雲號回到東京後不出站，直接轉乘 JR 山手線去上野，那麼東京到上野的車資就得另外補票。

日本鐵路通票 (JR Pass 全國版)

- ¥ **價格：**
  成人：
  【普通車廂】7 天 29,110 円、14 天 46,390 円、21 天 59,350 円
  【綠色車廂】7 天 38,880 円、14 天 62,950 円、21 天 81,870 円
  兒童 (6~11 歲) 半價／幼兒 (6 歲以下) 免費
- ⊘ **販售地點：**國內各大旅行社、KKday、城堡訂房中心等代理平台皆有販售兌換券。
- ❗ **注意事項：**僅護照上有「短期滯在」（短期逗留）的旅日訪客可使用。

山陰 & 岡山地區鐵路周遊券 (San'in & Okayama Area Pass)

- ¥ **價格：**
  【日本國外 (4 天)】成人 4,500 円／兒童 (6~11 歲) 2,250 円
  【日本國內 (4 天)】成人 5,000 円／兒童 (6~11 歲) 2,500 円
- ⊘ **販售地點：**
  【日本國外】可上 JR 西日本官網自行預約，或至台灣各大旅行社、KKday 等代理平台購買兌換券。
  【日本國內】關西機場和新大阪、大阪、岡山等指定 JR 車站。
- ❗ **注意事項：**特急費與指定席費得另外支付。

\ 山陰 & 岡山地區 /
鐵路周遊券

如果玩家只是單純要從岡山到山陰地區旅行，則可以考慮使用 JR 西日本推出的「山陰 & 岡山地區鐵路周遊券」，4 天分僅需 5,000 日元。從岡山出發後，能搭乘 JR 伯備線的各級列車進出山陰，也能使用山陰地區的所有鐵路列車（包括特急列車的自由席）。但在有效範圍內搭乘 SUNRISE 出雲號（全車指定席）或其它特急列車的指定席時，還是得另外自付指定席特急費喔！

作者私語

也許有玩家會好奇「像 SUNRISE 出雲號這樣的寢台列車，可以只搭短程嗎？」答案是可以的喔！如果行程上沒辦法真的安排過夜，又想體驗寢台列車的玩家，可以在車站的綠窗口劃到零散的短程 Nobinobi 席「座位」，藉此稍微「聞香」一下感受氣氛。但是，列車行駛途中不會更換床單與枕巾，呼籲短程體驗的玩家，把寢具留給真的得搭長途過夜的旅客吧！

SUNRISE 出雲、瀨戶號的寢台房型與費用				
稱呼	費用	房型	床寬	設施設備
シングルデラックス 單人豪華房	Single Deluxe	13,730 円	A 寢台單人房	85cm	房內附設洗臉台、桌椅、小電視和過夜包。
シングルツ 單人房上下舖	Single Twin	9,430 円	B 寢台上下舖雙人房	60 ～ 70 cm	可單人使用也可雙人入住，單人床旁設有櫃子，上方架設了一張吊床，兩人入住時可利用櫃子爬上吊床。
シングルツイン 單人房上下舖 （輔助床）	Single Twin	+5,400 円 *	B 寢台附輔助床的雙人房	60 ～ 70 cm	
サンライズツイン 日出雙人房	Sunrise Twin	7,560 円 *	B 寢台雙人房（單人床）	61 ～ 75 cm	兩張單人床並排，觀景窗只有一面。
シングル 單人房	Single	7,560 円	B 寢台單人房	60 ～ 70 cm	房內附有小桌，且根據車輛構造不同，分為「階上」（上層）、「平屋」（中層）和「階下」（下層）三種。
ソロ 普通單人房	Solo	6,480 円	上下舖錯開的 B 寢台單人房	56 ～ 70 cm	
ノビノビ座席 非個室普通座位	Nobinobi 座席	520 円	通舖	82 cm	通舖，僅床尾設置拉簾。

註：費用為每人的寢台費/指定席費，運賃與特急費另計，有 * 符號者需 2 人同行。

02

About here!
SUNRISE 出雲號，原來如此！

「SUNRISE 出雲號」（サンライズ出雲）
與「SUNRISE 瀨戶號」（サンライズ瀨戶）列
車連結了東京到山陰、四國地區，不但是日
本最後的平民寢台列車，也是旅客往來關東
和關西的最後寢台選擇。

這兩班使用了相同車型的夜間列車，從
東京站出發後有超過一半的路程會合併運轉
（指兩班車串在一起行駛），到了岡山站才
會進行解連作業，讓兩列火車分頭往不同的
方向繼續前進。「SUNRISE 出雲號」行駛於
東京站到出雲市之間，得翻過重重山嶺到日
本海側的山陰地區；另一列「SUNRISE 瀨戶

號」則會行經跨海大橋，抵達四國北部的大
城高松。

作者私語

由東京出發時，SUNRISE 出雲號在行駛
方向的前半部，劃為 1～7 號車廂；後半部
的 SUNRISE 瀨戶號則是 8～14 號車廂。返
回東京的上行列車，同樣是 SUNRISE 出雲號
在前端，但改為 8～14 號
車廂，與 SUNRISE 瀨戶號交
換排序。

SUNRISE 出雲號與 SUNRISE 瀨戶號，
會在東京至岡山之間合併運轉。

星空下急駛的寢台列車

　　從東京出發後到岡山間，SUNRISE 出雲、瀨戶號列車會依序停靠橫濱、熱海、沼津、富士、靜岡、濱松，與姬路等站。在 01:12 抵達夜晚的最後一個停靠站「濱松站」之後，列車便會持續向西狂奔，就連經過名古屋、京都、大阪或神戶等大城時，都不再開放讓乘客上下車（頂多是在幾個大站運轉停車後再開）。開往東京方向的返程列車，則是在 00:34 停靠完大阪站後直奔靜岡，接下來的 4 個多小時也不再中途停靠。

　　列車在夜晚 10 點整準時離開東京，約莫 20 多分鐘便會抵達橫濱，月台上還有一些可能剛應酬結束，準備趕回家的上班族。我在車上小憩了一會，當睜開眼醒過來時，列車已經跑了數百公里，即將抵達重頭戲的岡山站──「SUNRISE 瀨戶號」與「SUNRISE 出雲號」會在這裡分道揚鑣。離開車廂到月台觀察幾位鐵道員手腳俐落地上上下下，不消幾分鐘就完成了解連作業，接著原本在車廂間貫通的走廊被關閉，端面的車門也自動闔上，列車已經準備就緒可以再度出發了！

遇見生命中的第一場雪

　　兩列火車從岡山站互道拜拜後，SUNR-ISE 出雲號繼續向西行駛，沿著 JR 山陽本線行經以垂柳河岸老街和美術館聞名的倉敷，接著轉往 JR 伯備線，開始翻山越嶺的艱辛路段，最終朝著日本海側的山陰地區前進。

　　離開岡山站後，我就告別了休息一晚的通舖，來到 3 號車廂的 Mini Lounge 打發時間。這是一個可供全車旅客自由使用的小空間，沿窗設置了和軌道平行的長桌及高腳椅，能夠悠閒地在此欣賞窗外的景色。

　　沿途下著綿綿細雨，而當列車沿著溪谷向上爬升，約莫來到山脈的分水嶺附近時，牛奶杰突然發現窗外的雨滴有些不對勁——雨絲的線條實在太粗了！仔細定睛一看，才

發現那不是雨，而是真正的雪！

迎向夕陽的 SUNRISE 列車

　　帶著尚未完全消退的激動情緒，我踏上了米子站的月台，這裡是個和東京截然不同的地方，空氣好像也格外清新許多。推薦玩家們，到日本旅遊時不妨安排一趟寢台列車之旅，相信會是段相當有趣的回憶，也可能獲得行前意想不到的驚喜呢！

　　對於到站的旅客來說，精彩的行程才正要開始，但對於日本的寢台列車而言，其實正面臨新幹線、廉價航空，與夜行高速巴士的嚴峻競爭！即便是有「最後平民寢台」之稱的 SUNRISE 出雲、瀨戶號，在未使用企劃票券的情況下，整體乘車費用仍普遍高於競爭對手，備受市場考驗。

因此，JR 九州、JR 東日本與 JR 西日本，紛紛將「寢台列車」產品重新定位、改推新車款，主打豪華度假 N 日遊套裝行程。至於像 SUNRISE 出雲、瀨戶號這種提供運輸與過夜服務的傳統寢台列車，已經走過最輝煌閃耀的巔峰了。

搭車搭累的話，可以到 3 號車廂的 mini Lounge，跟朋友聊聊天或欣賞大片窗景喔！

03

What's Special?
「這裡」最特別！

相信對於不少人來說，搭乘寢台列車奔馳在璀璨的星空底下，是一件浪漫且令人憧憬的事情；但許多搭乘過寢台列車的玩家，都曾反映過一個共通的經驗：車上搖搖晃晃的很好入睡，但每當半夜在某個車站停靠時，那制軔（煞車）或重新出發的震動，都會把自己猛然從夢鄉中驚醒！如果您也有過這樣的經驗，不妨找機會來試試看 SUNRISE 出雲、瀨戶號列車。

SUNRISE 出雲、瀨戶號使用 285 系電車，讓乘客擁有更舒適的搭車抵驗。

 285 系電車

SUNRISE 出雲、瀨戶號使用 JR 西日本與 JR 東海所屬的 285 系電車──是日本當前少數現役中的寢台「電車」，也就是將火車的行駛動力裝置分散在各車廂的電聯車組。由於會有多節車廂共同出力，理論上可以降低列車在啟動或減速時，車廂間彼此碰撞產生的晃動感，讓乘客擁有更舒適的搭車體驗（尤其是在睡眠的過程）。

省掉寢台費照樣有床睡！

「SUNRISE 出雲、瀨戶號」列車為全車指定席，車廂內共有 6 種不同等級的寢室及床位，更有單人和雙人臥室可供指定，無論是兩人同行的玩家，或獨身浪跡天涯的旅人，都能擁有最適性的選擇。至於想省荷包的朋友，則能挑選「Nobinobi 席」（ノビノビ座席）的位子。

日本的車票費用採用累加的方法組合計算，基本運賃主要依據乘車距離，距離越遠車資自然也越高。接著是看速度與座位，以「特急列車」為例，因為列車停站少、速度快，除了劃位的指定席須支付「指定席特急費」之外，搭乘無須劃位的自由席也得多付「自由席特急費」。

搭乘寢台列車時，在基本運賃之外還得支付「特急費＋各等級寢台費」的車資。其中，寢台費往往是從 6480 日元起跳，要價不斐（在某些商務旅館都可以連住兩晚了）。而所謂的 Nobinobi 席，就定義上來講是指列車的「指定席座位」，所以只會跟乘客收取「指定席特急費」，免於負擔「特急費＋各等級寢台費」的高額費用。

然而，這裡所謂的「座位」並不等同於一般列車的坐臥兩用椅，而是一塊可供成人平躺的小空間──說穿了就是大通舖形式的床位啦！乘客會有一組乾淨的床單與枕巾可用，但沒有枕頭或其它寢具。

空間寬敞的 Nobinobi 席

285 系列車上的的各種床舖寬度，最寬的是 85 公分的 A 寢台，其次便是 82 公分的 Nobinobi 席；至於其它客房的床舖，則介於 56 ～ 75 公分之間，看來 JR 對於 Nobinobi 席的乘客還蠻大方的。

Nobinobi 席的床舖排列方向與枕木平行，分為上下兩層；雖然是男女共用的通舖，但在頭部位置的左右兩側都裝了隔板（附閱讀燈）床尾與走廊之間也設有布簾，不至於一覺醒來就跟隔壁的陌生玩家大眼瞪小眼。整體來說，須共用空間的 Nobinobi 席私密性還是較陽春，也沒有隔音功能，如果碰到鼾聲猛烈的同居室友，只能摸摸鼻子自認運氣不好了！

Nobinobi 席分為上下兩層，在頭部位置的
左右兩側皆設有隔板和閱讀燈。

SUNRISE 出雲、瀨戶號全車有 6 種不同等級的
寢室或床位供乘客選擇。

Nobinobi 席的「座位」，其實是大通鋪床位。

6 分鐘戰鬥澡計時開始！？

　　整台列車總共配有 4 間淋浴間，其中 4 號和 11 號車廂的浴室為 A 寢台的乘客專用；3 號及 10 號車廂的浴室則提供給全部旅客輪流使用。在移動的列車上，淡水的儲量總是有限，因此除了 A 寢台之外，B 寢台與 Nobinobi 席的乘客若想洗澡，必須先到車上的自動售票機購買 320 日元的洗澡卡（數量有限，先搶先贏）。憑卡可享有 6 分鐘的供水，但卡片僅確保玩家有水可用，不包含預約指定的時間，想洗澡時還是得去排隊等浴室。

　　「6 分鐘」聽起來很短暫，但這並非指使用浴室的時間，而是蓮蓬頭出水的時間；乘客在浴室內穿脫衣服、抹肥皂等都不列入計時，只有按下綠色的出水鈕後才會計算時間，無須過於緊張。依牛奶杰自己的經驗，6 分鐘的供水其實非常充足，如果還是很擔心的話，玩家們可以先在家裡測試看看，也許還用不到一半的時間呢！

在寢台列車裡洗澡是很特殊的體驗，但首先得搶到洗澡卡才行。

作者私語
　　牛奶杰要提醒大家，Nobinobi 席附近沒有供存放大行李的空間，如果隨行的行李太大，就得移到床鋪上抱著行李入睡囉！（寬敞的床位空間或許正是為此而設）另外，Nobinobi 席旅客能使用的插座非常稀少，要有無法為手機、相機等設備充電的心理準備。

MILK

Nobinobi 席會提供乾淨的床單與枕巾，但沒有其它寢具。

04

Here we go!
搭 SUNRISE 出雲號玩什麼?

\ 岡山站 /

岡山是山陽地區的主要城市,從台灣就有直飛航班可以抵達,很適合作為進出四國與山陰地區的門戶。

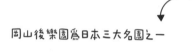
岡山後樂園為日本三大名園之一

岡山城的天守有「烏城」之稱,是市內最主要的景點。

★ 岡山城 & 後樂園

　　岡山市內最主要的景點，是有「烏城」之稱的岡山城，以及日本三大名園之一的「後樂園」（這個後樂園跟東京有巨蛋球場的後樂園同名，但不一樣喔！），兩者皆能搭乘岡山站前的路面電車前往，只要從「城下站」下車，再步行約 5 分鐘就會抵達。

★ 路面電車

　　岡山的路面電車由和歌山電鐵的母公司「岡山電鐵」經營，已經營運了 80 年，市街上除了有請水戶岡銳治動刀翻新的復古路電之外，還有兩輛小玉電車，可以見到貓站長穿梭在街道中的可愛身影呢！

作者私語

　　列車在清晨抵達岡山後（約 6:30），SUNRISE 出雲、瀨戶號便會在此分道揚鑣，玩家屆時如果已經起床，可以到月台觀察列車解連的過程。但要特別注意，往四國的 SUNRISE 瀨戶號會先出發，想下車拍照的話要把握時間，免得被丟包在現場喔！

\ 倉敷站 /

　位在岡山隔壁的倉敷以紡織業聞名，至今仍是日本許多本土成衣的製造基地，整體工業產值在西日本僅次於大阪。離 JR 倉敷站南口不遠的美觀地區，座落著倉敷知名的老街——擁有百年歷史的木造老屋群整齊地排列在兩岸，從中流淌的運河與夾岸垂柳，讓氛圍更顯古色古香。

★購物中心

　在倉敷站的北口，過去曾有座仿造北歐風情的主題樂園（從車站北口的裝飾仍可推想其過往風貌），園區歇業後改作為購物中心的腹地，設置了綜合性的 Ario 購物中心，和三井 Outlet Park 的過季品暢貨中心。想血拼的玩家來到倉敷，一定能有不錯的收穫！

倉敷美觀地區的老街很有韻味

＼ 米子站 & 境港站 ／

JR 米子站前有山陰鐵道發祥地的紀念碑

鳥取縣的米子市雖然只是縣內第二大城，但沿著日本海岸而行的 JR 山陰本線，與翻越山脈的 JR 伯備線在附近交會，讓米子獲得良好的交通條件支持，發展為地區的交通中心。米子站前有山陰鐵道發祥地的紀念碑，而國鐵時代曾在本地設立的鐵道局，如今蛻變為 JR 西日本旗下的米子支社，並掌管著車輛基地。

★ 鬼太郎

由米子分岔出的 JR 境線，會通往鳥取海邊的境港，由於《鬼太郎》（ゲゲゲの鬼太郎）漫畫的創作者──水木茂（水木しげる）出身於境港，因此整個城鎮便以《鬼太郎》

從米子站開往境港的列車，因為是由車站的 0 號月台出發，所以又被稱為「靈號月台」喔！

JR 境線的 Kiha40 型柴油客車,有多種
鬼太郎角色的主題彩繪。

為行銷主體包裝,是個散發著妖怪氣息的獨
特小鎮。境線沿途各站以《鬼太郎》的角色
作為代言人,而往來行駛的 Kiha40 型柴油
客車,外觀也繪製了多種《鬼太郎》中的角
色,玩家到這裡旅遊時可以碰碰運氣,看會
搭到哪個角色的列車。此外,鐵路途中行經
的米子機場,甚至被冠上了「米子鬼太郎空
港」的別稱呢!

★ 足利美術館

　米子郊外的足利美術館，除了以收藏品獲得肯定，美術館的庭園美景也受到盛讚，甚至打敗了所有古蹟名園，多次獲選為全日本評價最高的日式庭園。此外，足立美術館將藝術品與庭園景緻結合展出的手法，更讓人驚豔不已，值得玩家們分別在春夏秋冬四個季節造訪。

足利美術館
地址：〒 692-0064 島根県安来市古川町 320
開放時間：
四月～九月：09：30 ～ 17：30
十月～三月：09：30 ～ 17：00

將庭園景緻化為展覽作品,是足
利美術館的特色之一!

足利美術館多次獲選為全日本評價
最高的日式庭園,非常值得造訪。

∖ 松江站 ∕

　　列車繼續向西行駛，會沿著「中海」前進，接下來緩緩駛進松江站；松江市為島根縣的縣廳所在地，松江站因此成為當地的代表車站。位處山陰偏遠地區的島根縣，靠近冬天颳著凜冽寒風的日本海，經濟發展緩慢，與相鄰的鳥取縣為全國人口最少的兩個縣；而居民數量僅 20 萬的松江市，也是日本當前人口第二少的縣城。

　　但可千萬別因此小看松江喔！雖然跟其他地方相比不算發達，但松江依然是山陰的最大聚落。市區被東西兩側的中海與宍道湖包夾，是個擁有美麗水岸景觀的宜居之城；市內有幾條河道能聯繫兩湖，並連通松江城的護城河，玩家們可以搭船遊覽水域。此外，位於宍道湖岸的島根縣立美術館座東朝西，是欣賞松江美麗晚霞的好地方。

中海

　　中海是山陰地區的一個大型潟湖，也是日本第五大湖，面積相當於 11 座日月潭。中海的湖面相當平靜，在境港一帶有開口連接日本海，水質成份介於淡水湖與鹹水湖之間，日文稱為「汽水」狀態，生態資源相當豐富。

★ 松江城

　　市內的松江城建於 1622 年，完成後未曾經歷實戰，在二戰的盟軍空襲中亦倖免於難，不但是日本現存的 12 座木造天守之一，也是目前的 5 座國寶天守閣之一。松江城在 2015 年時被指定為國寶，因為距離前一次有城堡天守「加冕」為國寶已相隔 63 年，在當時可是轟動山陰地區的年度大事。

作者私語
　　對國際外交事務敏感的玩家，應該知道儘管日本與韓國彼此往來密切，甚至能合辦世界級運動盛會，但兩國間仍存在一筆領土爭議——日本海上的竹島（南韓稱為「東海上的獨島」）。就日方觀點而言，竹島屬於島根縣的範圍，所以在松江城旁的島根縣廳外，還立有宣示捍衛領土決心的告示呢！

島根縣立美術館座落於宍道湖畔，
是欣賞松江晚霞的好去處。

＼ 出雲市站 ／

　　各種宗教好像都會有一個類似「聖地」的地方，例如伊斯蘭教的麥加，或是猶太教的耶路撒冷等，均被視為宗教信仰的中心。而日本的神道教，若真要舉出一個類似的地方，牛奶杰最先想到的就是擁有「神之國度」稱號的島根縣出雲。

　　出雲所在的島根縣，位於山陰地區的日本海側，是個山多路遙的偏遠縣份，面積約有台灣的 1/6 大，人口卻只僅有 72 萬居民。儘管如此，每年仍吸引了絡繹不絕的人們前來旅遊，而遊客們的最大目的地，就是到日本神社中層級最高的「出雲大社」參拜。

島根縣出雲擁有「神之國度」的名號

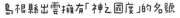

★ 出雲大社

　　出雲大社的地位崇高，是日本最古老的神社，每年都有大量的參拜者到訪。它的參拜方式跟其他地方也稍有不同，一般「社格」較低的神社，在投下 5 日元的賽錢（香油錢），搖鈴告知神明有人求見後，會先鞠躬 2 次、拍掌 2 次，接著才向神明感謝過去的呵護，並交待這次要拜託照顧的地方。然而，在出雲大社和其他社格較高的大社、神宮，則會拍掌 4 次；原因沒有正式說法，但已是長久流傳下來的傳統。

★ 神無月 v.s. 神在月

　　在日本傳統的神道教信仰中，會將 10 月稱為「神無月」，因為每年一到了這個時候，平時分散於全國各處的八百萬尊神明，都會到出雲大社召開年會；與此相反，出雲的 10 月則被稱為「神在月」，聚集了來自全國的神明們。

出雲大社的參拜方式跟其它地方稍有不同，遵循的是「二拜四拍手一拜」的程序。

作者私4語

　　可能有讀者想問：「爲什麼在參拜時投賞錢要丟『5日元』硬幣呢？」其實是因爲諧音的關係。日語的「五圓」與「有緣」發音相近，意味著參拜者能與神明結緣、打好關係，祈求的事情也比較容易實現囉！

MILK

05

What's Tastsy?
不吃太可惜！

🍴 海鮮丼

　　有機會來到出雲的玩家，可以品嚐一下日本海的鮮美海味喔！出雲大社看似位在山中，其實繞過背後的山就是日本海了；鄰近大社的日御碕海岸，則能夠由大社旁的路線巴士總站搭車前往。海邊有燈塔和漁港，鮮少會有外人干擾，很適合靜心散散步，也是品嘗在地海鮮丼的好去處。

除了海鮮丼之外，出雲在地的蕎麥麵也受到不少饕客支持，玩家們若到了當地不妨試試看。

06 *More Railways!*

這條路線順道搭

\ 一畑電車 /

　　一畑電車是島根地區的小型私鐵，常被暱稱為「一電」或「Bataden」（ばたでん），原本是為了搭載參拜一畑寺的信徒所建，沒想到後來卻幾乎和「參拜出雲大社」劃上等號。

　　一電的路網呈現 Y 字形，列車從 JR 出雲市站前的「電鐵出雲市站」出發後，在「川跡站」分成兩條路線，其一沿著宍道湖北岸而行，終點「松江宍道湖溫泉站」（松江しんじ湖温泉駅）鄰近松江市區，離 JR 松江站約 2 公里。另一條則反向開往「出雲大社前站」，玩家從 SUNRISE 出雲號下車後，若想

搭一電前往出雲大社，記得要在川跡站折返轉車喔！

一電的出雲大社前站已經被列為古蹟建築

一畑電車路線圖

出雲大社前　川跡　平田市　一畑口　秋鹿町　松江溫泉

電鐵出雲市　出雲市　宍道湖　松江　JR山陰本縣

除了一電，國鐵過去也曾嘗試推出專門服務出雲大社的路線，雖然早早就已廢除，但留下的「大社前站」但保有大型木造站房，是出雲的另一項鐵道文化資產，很值得鐵道迷們一遊。

★ 腳踏車租借

在人們多半擁有自用車的現今，搭電車的居民與參拜旅客已經非常少了，使得一電僅能維持基本的慘澹經營。為此，一電嘗試展開多元服務，成為日本少數允許乘客直接攜帶一般腳踏車搭乘的鐵道業者（單車票 1 次 310 日元），並在出雲大社前站等處設置腳踏車租借點，對遊客來說十分便利。

★ 7000 系電車

為節省營運開支，一電幾乎都是接手其他業者淘汰的二手車載客，直到 2016 年秋季，才難得地引進全新的 7000 系電車；此時距離前一次使用全新的一手車款，已經足足有 86 年之久了呢！

上一次全新報到的 Dehani50 型（デハニ 50 形）電車，至今仍有部份車輛維持可動狀態，並作為要角參與了日本演技派資深男星——中井貴一主演的電影《49 歲的電車夢》（RAILWAYS_49 歲で電車の運転士になった男の物語）。牛奶杰認為，即便有新車上路，整體的懷舊感仍是一電吸引鐵道迷與遊客的重要魅力！

Great Itinerary!
跟著達人這樣玩　SUNRISE 出雲號三日輕旅行

Day1	Day2	Day3
出發 東京站	**出發** 米子站	**出發** 松江站
① 搭 SUNRISE 出雲列車 睡到米子站 ② 搭 JR 境線彩繪列車	① 搭 JR 山陰本線至 安來站 ② 搭美術館接駁巴士	① 搭 JR 山陰本線至 出雲市站 ② 搭一畑電車至 出雲大社前站
境港小鎮	**參觀足利美術館**	**出雲大社、日御碕海岸**
① 搭 JR 境線彩繪列車 ② 搭 JR 山陰本線至 由良站	① 搭美術館接駁巴士 ② 搭 JR 山陰本線至 松江站	搭一畑巴士
北榮町柯南小鎮		**舊國鐵大社前站**
搭 JR 山陰本線回到 米子站	**松江城、河道遊船、 島根縣立美術館**	① 搭一畑巴士 ② 搭 SUNRISE 出雲列車 睡回東京站
米子過夜	**松江過夜**	**抵達東京或沿途目的地**

★北榮町柯南小鎮

　　鳥取縣的北榮町本身只是個緊依日本海的小鎮，人口約 1.6 萬人，由於《名偵探柯南》的作者青山岡昌在此出生，便連結了動漫作品的高人氣，利用各種創作中的元素為小鎮行銷。

　　在町內各處，玩家們可以按圖索驥，尋找各個作品角色的代表銅像；在「青山岡昌故鄉館」（青山剛昌ふるさと館）中，還展示了《名偵探柯南》的相關手稿，並重現作品中的場景，為北榮町的觀光指標。從本地代表車站「JR 由良站」到故鄉館的沿途，更以漫畫單行本封面作為路標指引，相當特別！

青山岡昌故鄉館有《名偵探柯南》
相關作品的展示，並複製了青山岡昌
的工作室風貌。

在圖書館等人的
工藤新一

沿線的導引路標，就以
單行本封面作為圖案！

伊予灘物語號

牛奶杰先前曾跟朋友聊到,台灣的老房子如果被保留下來,較好的出路大概有兩種:要嘛改裝成民宿,不然就是經營餐廳或咖啡廳;除此之外,現階段好像還沒有其他「重塑新價值」的好方法。

日本各家鐵道業者近幾年的新策略,也同樣從毛利較高的餐飲下手!無論是在車上銷售餐點,或打造高規格飯店等級的寢台列車,都成功掀起了旅遊市場的討論熱潮。因此幾款近年登場的新觀光列車,幾乎都靠餐點(甚至是主打日本酒)與高檔的行動旅館為賣點——2014 年 7 月上路、創下銷售佳績的「伊予灘物語號」(伊予灘ものがたり)便是其中的佼佼者。

伊予灘物語號路線圖

松山

下灘

伊予大洲

八幡濱

予讚線

內子線

愛媛縣

高知縣

宇和島

予土線

若井

窪川

中村線

宿毛線

宿毛

多度津

宇多津

高松

高德線

香川縣

鳴門線

鳴門

徳島線

土讚線

徳島縣

德島

高知

後免

阿佐線

牟岐線

奈半利

甲浦

海部

Best Ticket!
買這張票最划算！

\ 四國鐵道周遊券 /

玩家在安排四國的旅遊行程時，可以考慮購買四國鐵道周遊券（ALL SHIKOKU Rail Pass）。這張企劃票可以搭乘四國島上每家鐵道業者、所有路線的普通車廂和路面電車，更允許乘坐特急列車的自由席，想去小豆島玩也沒問題。

但要特別提醒大家，由於伊予灘物語號是全車 Green Car，憑四國鐵道周遊券搭乘時只能抵基本的運費，玩家若想上車，務必事先向 JR 車站的綠窗口劃位，並支付 980 日元的 Green Car 指定席費用。

跟 JR PASS 全國版一樣，四國鐵道周遊券是專為外國遊客設計的觀光企劃票券，僅限持外國護照、並以「短期滯在」身份入境者使用。玩家們可以在日本當地的指定窗口購買，或先向國內代理的旅行社購買換票證（MCO），到日本後再換成實體票券，如此一來還能享有優惠價折扣喔！

「四國鐵道周遊券」雖然是鐵路票券，但玩家憑券或 MCO 券搭乘廣島到松山，或和歌山到德島的渡輪，也能享有特惠價。若搭松山往來高知的巴士，更有低於 3 折的跳水價（這個路段也可以搭火車，但須由予土線轉黑潮鐵道，再轉土讚線，整體比較耗時，相較之下高速巴士僅需 3 小時）。

四國鐵道周遊券 (ALL SHIKOKU Rail Pass)

- ¥ **價格：**
  成人：3 天 9,500 円、4 天 10,500 円、5 天 11,500 円、7 天 12,500 円
  兒童（6~11 歲）：半價
  ＊購買換票證可折 500 円（兒童折 250 円）
- ◎ **販售地點：**
  JR 高松、松山、高知、德島車站的綠窗口和 JR 四國旅遊中心（Warp），以及上坂出 Warp Plaza、琴平町站內資訊處，與大阪梅田的 Warp 分店。

About here!
伊予灘物語號，原來如此！

　　「伊予灘物語號」與姊妹作「四國正中千年物語號」（四国まんなか千年ものがたり）是四國最具代表性的兩班觀光列車。在伊予灘物語號的車上，玩家可以邊品嚐美食、邊享受海濱鐵道美景。列車名稱中的「伊予灘」，是指愛媛縣西部、佐田岬半島北面，阻隔了四國島與九州島的瀨戶內海；愛媛縣的範圍，早年被稱為「伊予國」。伊予灘物語號列車從 JR 松山站經 JR 予讚線一路往南到八幡濱站，都是沿著伊予灘而行。

作者私語

　　予讚線從高松站經松山站到宇和島，全長有將近 300 公里，算是四國最重要的一條路線（也是少數規劃電氣化的路線）。予讚線在向井原站到伊予大洲站之間，還分成了山線與海線：海線較早興建，工程難度稍低但路線較為曲折；後來才完成的山線則以隧道截彎取直，因此往來松山到宇和島的特急列車，都會行駛途經內子站的山線。
伊予灘物語號主打無敵海景，自然是行駛海線囉！

伊予灘物語號是四國最具
代表性的觀光列車！

每趟旅行都是精彩的小說篇章

　　作為觀光列車，伊予灘物語號僅在週末
假日時運行，一天會有兩趟往返（共四個班
次），上午的規劃是從松山站出發，到伊予
大洲站折返；下午則是由松山行駛至八幡濱
站，再返回松山。旅客可以僅搭單程，或是
途中的一部分路段，到了目的地遊玩後，再
搭配時刻表上的其它班車返回出發點。

　　伊予灘物語號的四班車各自有不同的名
字，分別為「大洲篇」、「雙海篇」、「八幡
濱篇」以及「道後篇」，皆得名於它們的目的
地。感覺就像是一本小說有著許多篇章，乘
客們在不同的時段與情境乘車，所發生的故
事也都不一樣，聽起來是不是相當浪漫呢？

兩個月換一次菜單的精緻佳餚

JR 四國與當地的餐廳業者合作,在車上供應精緻料理,並依照不同的班次時段,規劃了一份早餐、兩款午餐,和一套下午茶。換句話說,即便有忠實粉絲硬是要在一天內連搭四趟伊予灘物語號,他在車上享用的餐點也會完全不同。此外,列車上的菜單每兩個月就會更換一次,使用當季鮮美的食材入菜,除了豐富饕客們的味蕾,更能讓隔了一段時間再舊地重遊的玩家,感受到不一樣的搭乘體驗。

沒訂餐的旅客雖然不免感到遺憾,但也不用過於失落,伊予灘物語號的車內吧台,提供了各種蛋糕、和菓子、咖啡、啤酒與果汁等,玩家們依然可以點些輕食和飲料,好好享受車廂空間與沿途美景。JR 四國還會在車內安排廣告文宣上沒提過的祕密餘興節目,邀請大家同樂呢!

牛奶杰覺得四國的觀光資源其實相當豐富,而且人口較少,不像本州的其它都會區有那麼多大規模開發,每每造訪都讓人覺得相當放鬆,非常推薦玩家花點時間走訪。尤其像伊予灘物語號這樣的美食列車,搭配在大洲、下灘或內子的半天小旅行,最後再回到松山泡溫泉,不啻為犒賞自己的好選擇。

作者私語

JR 四國在官網為海外遊客提供訂座位+餐點的服務,但皆是全套銷售,不能用各種企劃票券抵兌車資喔!

佐田岬半島往海中延伸約 40 公里,尖端距離九州僅剩 13 公里,日本人曾考慮在此興建海底隧道,鋪設鐵道從四國直通九州呢!

伊予灘物語號的車內吧台供應各種輕食和飲料，沒有訂餐的乘客依然能夠享用可口的美食。

坐好坐滿才能餐點

伊予灘物語號的座位與餐點是兩者獨立的，已購得座位的乘客才能進一步預約餐點。玩家最遲得在出發日的 4 天前，向 JR 購買「食事預約券」（2,500 ~ 4,500 日元）；如果屆時玩家已經到了日本，但還沒抵達四國，也可以向 JR 東日本、JR 西日本、JR 九州的綠窗口，或相關旅行社預訂。想取消預約的話，同樣得在 4 天前辦理。

此外，為了避免用餐匆匆壞了大家的興致，乘客必須是「坐好坐滿」，搭完全程區間才能訂餐。因此若是搭乘傍晚的道後篇，想從下灘站上車前往松山的話，只能預定座位而無法預購特製餐點喔！

✪ Kiha47 型

伊予灘物語號這款觀光列車，由兩節 Kiha47 型的柴油客車進行改造，鎖定具有一定經濟能力的成年旅人為主力客群，內裝設計參考高級餐廳，調性沉穩大方，整體風格在華麗與簡約間平衡得很好，相當舒適耐看。

→ Kiha40 系常作為各家 JR 改裝觀光列車的基底

Kiha40 系是國鐵時代打造的柴油客車，國鐵解散時各 JR 都有分到若干數量，Kiha47 型就是其中的一支。由於車隊數量龐大，柴油客車的特性又能上山下海往來各處，Kiha40 系常作為各家 JR 翻修、改裝觀光列車的基底。包括本書先前提到鹿兒島的「指宿玉手箱號」，或 JR 境線的「鬼太郎彩繪車」，都是 Kiha40 系的家族成員喔！

茜之章＆黃金之章

　　伊予灘物語號的車身外觀也是相當特別的亮點，兩節車廂採用不對稱的塗裝設計，一端的駕駛室為紅色，另一端是黃色，中間呈現漸層轉換效果，猶如落日時分的光影變化──這兩節車廂由於自身的美麗色彩，分別被稱為「茜之章」與「黃金之章」。此外，伊予灘物語號在沿途各站停靠時，服務人員皆會在車門口鋪上地毯迎賓，兩節車廂的地毯也有紅色與黃色之別，色彩行銷的整套措施相當講究。

升級 Green Car

　　但是，也別只看到這輛觀光列車時常高朋滿座，相當風光的模樣。其實正如同前面提到的老屋再利用案例，伊予灘物語號的 Kiro47-1401 與 Kiro47-1402 這兩節車廂，早在 2011 年便廢車了（原編號為 Kiha47-501 與 Kiha47-1501）；所幸車體並未解體，才得以在 2014 年改裝復活。重生後從普通車升級成 Green Car，型號代碼也跟著調整為「Kiro」。

伊予灘物語號從松山站出發時，車站職員們會列隊歡送。

兩節車廂的迎賓地毯也有各自對應的顏色，十分講究。

作者私語

　　伊予灘物語號的列車改造案，由日本列車設計大師「水戶岡銳治」的事務所負責，不過這身彩妝並非出自水戶岡之手，而是門下的設計師松岡哲也。他本身便是愛媛縣人，對於沿途的自然素材相當熟悉；車廂內猶如咖啡廳的座椅，也是由松岡哲也負責挑選呢！

04

Here we go!
搭伊予灘物語號玩什麼？

＼松山站／

跟台北松山同名的此地，是四國人口最多的城市，也由於同名的緣份，松山跟台北締結為友好城市；不但台鐵松山站與 JR 松山站互為姊妹站，甚至還有特地從松山機場直飛松山空港的包機呢！

★ 道後溫泉

松山市內的道後溫泉相當知名，與關西的有馬溫泉同為「日本三大古泉」之一；尤其是已有百年歷史的道後溫泉本館建築，常被認為是動畫《神隱少女》中的湯屋藍本。本館裡頭設置了不同的浴場（價格有別），以及寬廣的休息室，甚至還有一間日本皇室專用的房間；即使沒有泡湯的打算，也值得入內參觀。

★ 松山城

市中心的大街道站一帶，過去是松山城的城下町，因為城堡就蓋在背後的勝山上，又稱為「勝山城」。這座命運多舛的城堡雖歷經數次火災，現存的古建築數量卻不少，其中天守更為日本 12 座木造現存天守之一，聯立結構完整，被列入了國重文保護。

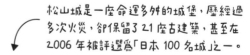

松山城是一座命運多舛的城堡，歷經過多次火災，卻保留了 21 座古建築，甚至在 2006 年被評選為「日本 100 名城」之一。

道後溫泉本館的建築物
已有百年歷史

伊予電鐵存在於松山的時間比國鐵還久，是玩家們在市內遊覽時代步的好幫手。

★ 伊予電鐵

　　松山除了有 JR 四國的路線連結，其實本地的伊予電鐵存在時間比國鐵還久，如今擁有 3 條郊外線的鐵道，與市內的路面電車路網。路電總長 10.7 公里，分成 7 個系統行駛，是玩家們在市內遊覽時代步的好幫手。

作者私語

　　在松山站附近的大手町站外，有個會讓鐵道迷們興奮不已的景點——這個郊外鐵道與市內軌道的十字交會處，設置了非常罕見的「鐵路平交道」。若在這裡遇見郊外線的火車，即便路面電車也必須停下來，乖乖在平交道前等候火車失過，是非常難得一見的特殊場景。雖然郊外火車與市內電車都有既定的班表，但路電行駛在馬路上總有些許變數，玩家們屆時不妨石並石並運氣，說不定能遇見「電車在平交道等火車」的絕景喔！

MILK

＼下灘站／

　　予讚線途中的串站、伊予上灘站、下灘站，與喜多灘站等處，跟它們的名稱的字面意思很相近，是「一連串靠近海灘」的車站。這些站點沿途的景觀，絲毫不輸台鐵近期復活的八斗子站，或已廢棄卻反而賺來高人氣的多良站；尤其是下灘站，在鐵道迷的心中可是有著特殊的地位呢！

　　日本 JR 有一張「青春18」車票，持有的乘客能在期限內任意搭乘各家 JR 所屬的普通列車。為了推廣這張期間限定的「青春18」車票，JR 每年都會挑選特殊的鐵道風景拍攝海報主題，有種定期「放火燒大家」多搭火車出去玩的意味；下灘站曾經 3 度榮登海報取景處，成為鐵道迷爭相造訪的名勝。

下灘站曾經 3 度榮登為 JR 的主題海報取景處，在鐵道迷心中有著特別的地位。

★ 海中鐵道

站外附近的港口，有一段鋪設於水面之下、供船隻上陸的軌道，由於跟神隱少女中的海中鐵道有幾分相似，也吸引不少玩家順道一遊。

作者私語

各篇章的伊予灘物語號，分別會在下灘站短暫停靠 4～10 分鐘，玩家如果想待久一點，可以在旅程的前、後段安排搭乘一般列車；但下灘站本身的普通車班次有限，要留意前後的「接關」安排喔！

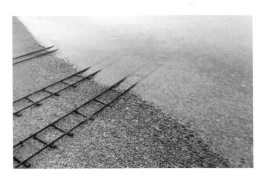

大洲城的天守閣在 2005 年以木造完成重建，有「伊予小京都」的別稱。

\ 伊予大洲站 /

　　大洲是予讚線離開松山南下後規模較大的城市，有「伊予小京都」的別稱。河邊的高台上建有大洲城，視野相當好，從列車上也能欣賞城堡天守的風采。不過大洲城並非一直佇立在河邊高台上守衛著城下町，它的天守閣在 1890 年被拆除，直到 2005 年才完成重建，可說是日本目前年紀最輕的天守。

　　然而，相較於其它在戰後經濟起飛時，採用現代鋼筋水泥建材復原的天守，大洲城堅持依照古法重建。為此，地方政府還與中央爭論了許久，因為日本現行的建築法規，其實並不允許從頭新蓋一座這麼大型的木造建築物呢！

05

More Railways!
這條路線順道搭

少爺列車路線圖

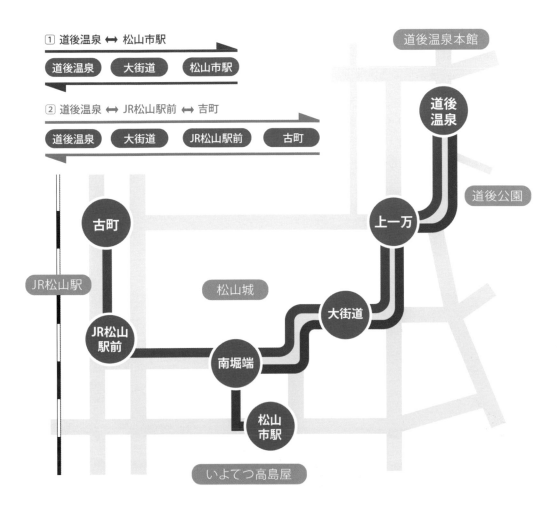

1 道後温泉 ⟷ 松山市駅

道後温泉　大街道　松山市駅

2 道後温泉 ⟷ JR松山駅前 ⟷ 吉町

道後温泉　大街道　JR松山駅前　古町

道後温泉本館

道後温泉

道後公園

上一万

古町

JR松山駅

松山城

大街道

JR松山駅前

南堀端

松山市駅

いよてつ高島屋

＼伊予市內線少爺列車／

　　在日本文豪「夏目漱石」創作的國民小說《少爺》（坊っちゃん）中，任教於松山的主角，常會搭著猶如火柴盒般的小火車前往溫泉區泡湯，因此伊予鐵道早年由蒸汽火車頭牽著短短木造車廂的列車，就被暱稱為「少爺列車」（坊っちゃん列車）。

　　有趣的是，一個多世紀前，夏目漱石與筆下的主人翁搭著蒸汽火車去泡溫泉；如今物換星移，城市的樣貌早已和當年截然不同，玩家們卻依然可以比照辦理，搭乘「貌似」蒸汽火車的列車去道後溫泉唷！

　　在原本的蒸汽車頭退役後，伊予鐵道於2001 年斥資打造復刻版「少爺列車」，並將動力裝置改成柴油內燃機，省去了操作蒸汽鍋爐的麻煩。於是，「少爺列車」得以正式

重返松山市區街頭，與新世代的路面電車一起在市內路線服務（普通電車均一價 160 日元，少爺列車則需 800 日元）。

為了營造整體的懷舊氣氛，少爺列車的運轉士（駕駛員）與車掌還會特地換上明治、大正，或昭和初期的制服呢！

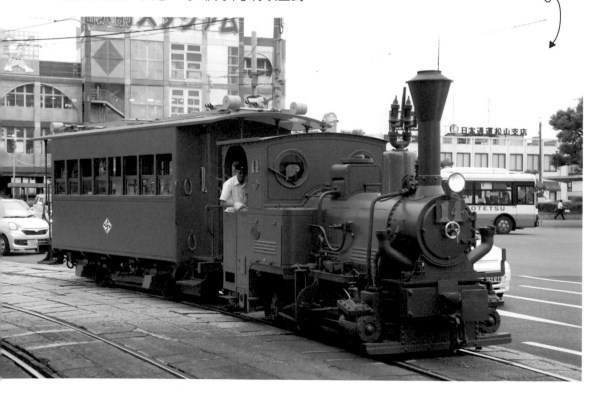

內子的木造劇場在沒有演出的時候，幕前幕後都開放遊客參觀。

＼內子站／

　　由伊予市站經內子站到伊予大洲站的內山線，於 1982 年才通車，因沿途經過多座隧道，使路線得以截彎取直，縮短了行駛距離。如今，往來松山及宇和島的特急列車，都是走能夠快速通過的山線，僅有普通列車會行駛海線（由於內山線也有些許普通車，整體班次分流的情況也是下灘站列車稀疏的原因之一）。

★ 內子座

　　內子站是山線沿途最大的車站，不遠處有條古樸的老街，鎮上還座落著擁有 80 年歷史的木造劇場「內子座」。這座老劇場雖然被列為古蹟，但至今依然可以使用，在沒有公演或彩排時，幕前幕後的空間都開放參觀，遊客可以深入舞台底下的密道好好一探究竟！

　　恬靜的老街上，即便是假日也不會有太多遊客，逛起來十分舒適。本地可口的鄉土料理和傳統的手工蠟燭產業，也吸引著人們前來認識這座美好的山中小鎮。

1Day		
出發 松山站	搭 JR 予讚線至內子站	搭 JR 予讚線返回 松山站
搭伊予灘物語號至 伊予大洲站	**內子座**	
	搭 JR 予讚線至下灘站	
大洲城	**欣賞下灘海中鐵道與 夕陽**	**解散** 松山

Day1	Day2	Day3
出發 松山站	**出發** 宇和島站	**出發** 宇和島站
搭伊予灘物語號至 伊予大洲站	搭予土線三兄弟列車至 江川崎站	搭 JR 予讚線至 內子站
大洲城、赤煉瓦館、 臥龍山莊	**四萬十川單車之旅至 中村**	**內子座、內子老街**
搭 JR 予讚線至宇和島站	① 搭土佐黑潮鐵道至 窪川站 ② 搭予土線 Torocco 列車 至松丸站	搭 JR 予讚線至 下灘站
宇和島城	**松丸車站溫泉**	**欣賞下灘海中鐵道與 夕陽**
搭山陽電鐵至 西舞子站	搭予土線三兄弟列車回 宇和島站	搭 JR 予讚線返回 松山站
宇和島過夜	**宇和島過夜**	**松山過夜**

★ 四萬十川單車之旅

　　土佐縣的西緣，是整個四國島上最少人工開發的區域，流經其中的「四萬十川」（四万十川）沿途沒有興建水壩，堪稱「日本的最後清流」，是大自然物種的寶庫。

　　玩家們可以從宇和島出發，搭乘 JR 予土線上溯至江川崎站，由此開始租用單車或獨木舟，沿著河川順流而下，欣賞沿途的自然景觀（若是要騎單車至下游的中村站，建議至少安排 4 個鐘頭以上的時間）。為了因應大雨後的湍急流水，並減少橋體對水勢的妨礙，途中有多座沒有護欄的「沉下橋」，是人與自然和諧共處的設計呢！

四万十川的單車之旅可鑑賞多座沉下橋，但部份沉下橋因受損暫時無法通行，或有限制車重，玩家們請特別注意。

★ 臥龍山莊

離赤煉瓦館不遠的臥龍山莊，初建於戰國時代，後來成為藩主的避暑別墅。山莊矗立在肱川旁的山崖上，佔地約 3000 坪，相當氣派。

明治維新之後，別墅因未獲妥善維護而逐漸凋零，直到由富商接手後加以整修，邀請京都與神戶等地的職人工匠重新打造，並大量運用自然借景的手法，光是構思設計就花了 10 年時間，成果堪稱「大洲的桂離宮」，媲美京都的皇室御用建築。

★ 松丸車站溫泉

予土線途中的松丸站，在車站站房的本體 2 樓就設有溫泉會館（森の国 ぽっぽ溫泉），無論是搭車的旅人或在地居民，都能在此舒適泡湯，放鬆身心。

館內的溫泉設施分為「明治之湯」和「滑床之湯」兩部份，後者擷取了附近的天然溪谷與瀑布，以岩石作為設計主題。兩邊的設施會分單日與雙日，輪流讓男性或女性顧客使用；此外，兩者皆有戶外的露天風呂，可眺望附近的群山景觀，叫人心曠神怡。

★ 赤煉瓦館

大洲當地在江戶時代的經濟命脈為養蠶製絲，而為了提供養蠶人家更好的金援週轉與投資，當地人士在明治 29 年（1896 年）集資成立了大洲商業銀行。

目前的大洲赤煉瓦館（おおず赤煉瓦館）便是銀行在 1901 年完成的本店與倉庫，典雅的紅磚建築成為地方的特色地標。本館 1 樓有販售地方物產、本地藝術工作者的陶藝作品，以及居家雜貨小物；別館 1 樓則是小型的放映機與電影博物館。

★宇和島城

　　這座城堡為梯郭式平山城,矗立於山丘上,初建於西元 941 年左右,至今已有超過千年的歷史。目前的宇和島城,是由戰國時代的築城名家——藤堂高虎修建,具有易守難攻的特點。

　　三重三階的城堡天守儘管規模稱不上雄偉,但完工於 1660 年代的它極具歷史價值,為日本 12 座「現存天守」之一,已列為國家的重要文化財。

赤煉瓦館原失是作為銀行使用的建築物

作者私語
　　天守竣工當時,山腳下泰半還是海域,如今則填土造陸成為宇和島的市街,這座屹立不搖的天守,可是從高處見證著宇和島這段從無到有的演進過程呢!

09

Japan Rail

由布院之森號

JR九州旗下的火車不乏大紅、亮藍、鮮黃、翠綠、純白、黝黑，甚至是半白半黑混搭的塗裝配色，非常搶眼。這些列車中，有一般用途的載客營運車輛，也有偏重觀光取向的特殊式樣列車——行駛於博多、由布院、別府之間的特急「由布院之森」（ゆふいんの森，Yufuin no Mori，另有一個意境優美的中文音譯為「幽芬之森」），便是往來由布院溫泉區的招牌列車。其雅緻的車廂裝潢，讓遊客一踏進客室，就沉浸在濃郁的渡假氣氛中呢！

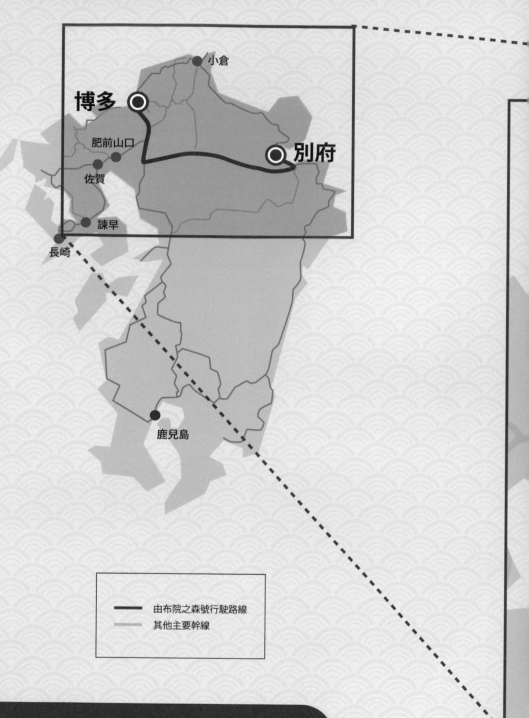

小倉

博多

肥前山口

佐賀

諫早

長崎

別府

鹿兒島

由布院之森號行駛路線
其他主要幹線

由布院之森號路線圖

＼北部九州版鐵路周遊券／

想要暢遊博多到由布院、大分、別府、杵築、中津、小倉和博多，這個包含 JR 鹿兒島本線、久大本線與日豐本線的「環北九州之旅」，最適合的票券應該非 JR 九州推出的「北部九州版鐵路周遊券」（通稱「JR 北九州 Pass」）莫屬囉！

這張企劃車票能讓持有者在有效期限內（連續 3 天或 5 天），任意搭乘 JR 九州旗下的各級列車，並劃指定席座位（10 次或 16 次）。玩家們可以在海外先向旅行社、代理平台購買兌換券，或直接到九州主要 JR 車站的綠窗口購買。但要特別注意的是，使用者都必須是持「短期滯在」身分的外國遊客，留學生或打工度假的玩家們不適用喔！

JR 北九州 Pass 的有效使用範圍，還包括大分往來熊本的「豐肥本線」（九州橫斷特急）、小倉與門司港間的「JR 鹿兒島本線」，以及博多到長崎間的「JR 長崎本線」等；此外，JR 九州新幹線在博多到熊本間也可以不限次數搭乘（就連 JR Pass 全國版不能搭的新幹線「瑞穗號」都沒問題）。不過博多到小倉這段屬於 JR 山陽新幹線，歸 JR 西日本營運，JR 九州發行的周遊券就派不上用場了。

作者私語
　　如果從博多站出發，搭特急列車經久留里站到達由布院，光單程運貨加指定席座位就需 4,550 日元，因此要進行由布院之旅的玩家，選用北九州 Pass 是相當划算的！

MILK

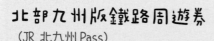

北部九州版鐵路周遊券
（JR 北九州 Pass）

- ¥ **價格：**
  成人：3 天 8,500 円、5 天 10,000 円
  兒童（6~11 歲）：半價
- 🕐 **販售地點：**
  【台灣】各大旅行社、KKday、等代理平台皆有販售兌換券。
  【日本】福岡機場的「TISCO 旅行情報中心」，或博多、小倉、熊本站等 JR 九州指定車站綠窗口。
- ❗ **注意事項：**僅護照上有「短期滯在」（短期逗留）的旅日訪客可使用。

About here!
由布院之森號，原來如此！

九州的土地面積跟台灣較為接近，不但某些交通與地理特徵恰巧相符，連傳統鐵道正面臨高速巴士的嚴峻挑戰這點也相同。JR九州從 1987 年國鐵解散後成立以來，運輸本業在財報上從來沒有真正賺過錢，得靠週邊事業體的協助才得以生存。尤其隨著九州島上的高速公路通車區間越來越長，民眾在島內的移動方式逐漸偏向彈性更高的自駕，或票價低廉的高速巴士，導致火車的搭乘人數逐年下滑。因此，JR 九州相較於各家 JR，投入了最多心力到火車的翻新改裝上，這點玩家單從列車的車廂裝潢及外觀，便能明顯感受其中差異。

氛圍閒逸的典雅列車

有別於一般列車方方正正或尖鼻子的流線型，由布院之森的列車外觀有著圓滑的弧度，且採用了一般列車較少選擇的墨綠色塗裝，讓人耳目一新。列車內裝沒有過度鋪張的華麗裝飾，延續外觀清新典雅的基調，搭載旅客前往高人氣的由布院溫泉鄉，展開一段令人神清氣爽的渡假之旅。由布院之森號的行駛範圍，是從九州最大城——福岡的代表車站「JR 博多站」出發，經 JR 鹿兒島本線南下；到 JR 久留米站後，轉東改走 JR 久大本線上山，最終抵達大分縣的 JR 由布院站。

特急「由布院之森」是往來由布
院溫泉區的招牌列車！

久留米站能轉乘 JR 九州新幹線的列車，建議從熊本或鹿兒島等地出發的玩家，可以先搭新幹線到久留米站，再轉乘由布院之森號，以節省旅途時間。

來趟讓人身心舒暢的溫泉之旅

這輛觀光列車每天僅行駛 3 趟（去、回共 6 個班次），其中一趟的起訖點會從由布院站繼續延伸，走完久大本線後下山抵達 JR 大分站，再循 JR 日高本線開抵 JR 別府站，等於是橫貫了北九州的山區。JR 九州希望藉此讓東部的旅客也能搭乘由布院之森號上下山，而對於喜愛泡湯的人來說，這個串聯大分縣境內兩處溫泉聖地的班次，無疑可以讓美好的溫泉渡假之旅更完整充實。

由布院之森號從博多到由布院約需 2 小時 10 分鐘，從由布院到大分的車程則在 1 小時內。此外，全車皆為指定席的由布院之森號相當熱門搶手，玩家們如果想在週末假日搭乘，請務必在入境後盡早前往 JR 九州的車站或委託旅行社劃位。

由布院之森的列車外觀有著圓潤的弧度

作者私語

　雖然由布院之森號整車都綠油油
的，但列車等級並非 Green Car，憑普通
車版的 JR Pass 就能夠搭乘。此外，如
果是搭乘由布院之森 3、4 號列車的乘
客，除了自己的座位之外，也可以到第 3
號車廂的沙龍區坐坐（免費），感受不同
的乘車氣氛喔！

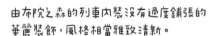

由布院之森的列車內裝沒有過度鋪張的
華麗裝飾，風格相當雅致清新。

帥氣的紅色特急由布號

　　由布院之森號開行的區間內，另有「特急由布號」（ゆふ）行駛，如果玩家的時間跟由布院之森號較難配合，或訂不到車位，也可考慮搭乘特急由布號。特急由布號多半使用Kiha185系的柴油客車改裝，紅色的車身相當帥氣，雖然內裝只是一般的客運列車規格，搭起來還是相當舒適。

除了典雅的由布院之森號外，JR九州旗下的火車也不乏大膽鮮豔的塗裝。

「這裡」最特別！

由布院之森號作為由布院的觀光特急列車，受到民眾的熱烈歡迎，很多玩家都曾搭乘過；但不曉得大家有沒有發現，JR 九州旗下其實有兩個「由布院之森號」的列車編組，且兩者的來歷背景不太一樣，實際的內裝與外觀也稍有不同喔！行駛範圍從博多到別府的由布院之森 3、4 號班次，由第一代的 Kiha71 系擔當，其餘的 1、2、5、6 號班次，則是派較為新款的 Kiha72 系上陣。

✪ Kiha71 系

Kiha71 系柴油客車，是由先前的 Kiha58 型與 Kiha65 型柴油客車改造而成，從 1989 年 3 月開始擔任由布院之森號。最初只有 3 節車廂，但運行後頗受好評，隔年 4 月又追加了 1 節，並將 3 號車廂規劃為沙龍區（サロンスペース），讓乘客能享有更具彈性且舒適的空間。

Kiha71 系由布院之森號曾在 1992 年、1995 年與 2003 年分別進行過 3 次更新，所以感覺不太出是輛已滿 30 歲的老車呢！

由布院之森號推出後獲得了不錯的反響，因此 JR 九州在 1992～1999 年間，曾加派一組 Kiha183 系 1000 番台柴油客車，以「由布院之森二世」（ゆふいんの森 II 世）之名載客；隨後更加碼打造了全新車款，也就是晚近的 Kiha72 系由布院之森號。

為了讓乘客們有更好的視野，Kiha72 系列車將車廂座位的地板墊高，若從月台觀察猶如高了半層樓。也因此，乘客從月台踏進車廂時得步上三層台階，在車廂與車廂之間移動時，還會通過像橋樑般的走廊，是本車的另一項著名特色。

⭐ Kiha72 系

Kiha72 系於 1999 年登場，若將「短暫在位」的二世列車也納入計算的話，算是第三代的由布院之森號專用車。新的車款取消了沙龍區設計，但將部份座位改為可以對望的簡易包廂，座位間還設置了一張餐桌，對小團體出遊的乘客們來說相當方便（若一行有 3 或 4 人，可向售票員指定劃位在包廂，不用另外付費）。

在 Kiha72 系的車廂之間行走，
像是通過一座車內的橋樑。

Kiha72 系將部份座位改為簡易包廂，對於三、四人的小團體來說十分便利。

作者私語

　　由於 Kiha72 系列車的階梯與走廊空間狹窄，對需乘坐輪椅或推娃娃車的玩家們來說，上下車或在車廂間移動時會稍微吃力一些；而攜帶大型行李的旅客，則可以將行李放在車門口附近的置物區。

Here we go!
搭由布院之森號玩什麼？

\ 博多站 /

博多站是九州的鐵道樞紐，融合了百貨公司（博多阪急）等複合設施的新車站大樓，也在 2011 年完成改建，樓板面積相當寬敞，稱為「JR 博多シティ」（JR HAKATA CITY）。站房頂樓設計成開放式平台，並規劃有遊戲區、小商店以及寵物樂園等設施，到了晚上還可以觀賞市區的美麗夜景。

作者私語

　站房頂樓其實藏有一間鐵道神社，牛奶杰原本以為只是個以趣味性為主的裝飾，沒想到人家真的有去神社請示分靈呢！

\ 由布院 /

在日本諸多知名溫泉聖地中，由布院是近年來最受日本女性歡迎的溫泉鄉，位處九州大分縣山中，搭火車約 2 個半小時可以到達博多，距離大分站則約 1 小時車程；就算從福岡空港或大分空港著陸，也有巴士可直達喔！

作者私語

由布院目前屬於「由布院市」的行政區，過去則曾是「湯布院町」，因此「由布院溫泉」或「湯布院溫泉」兩種說法都有人使用，問路時不管念哪個名字給日本人看，他們都知道是指哪裡。由於車站的正式名稱是用由布院站，所以本篇就以「由布院」為主。

MILK

位處閑靜度假勝地的由布院站，本身的建築也相當優雅，站內規劃了一座岸式月台與一座島式月台；其中大多數的特急列車都會停靠近站房的 1 番線，替旅客們省去過天橋的麻煩。1 番線月台的西端設有一座足湯，玩家們若想體驗的話，記得先到櫃台買票喔！此外，車站的候車室本身也是間小型美術館，讓乘客們在等車之餘還能增添些許文藝氣質。

★ 日歸溫泉

由布院的溫泉旅館，多座落在城鎮的內外與週邊。玩家們如果無法安排過夜，也可以考慮「日歸溫泉」的玩法（可以純泡湯、不住宿的服務），純粹到飯店享受溫泉設施，或是參考溫泉與餐點的組合方案。在 Jalan 或日本樂天 Travel 等訂房網站，都可以搜尋到各飯店的日歸方案並進行預約，有興趣的玩家們不妨參考看看。

★ 湯之坪街道

沿著車站外直行的道路前進，途中會看到一個 Y 字形的分岔口，向右分出的較窄路段「湯之坪街道」（湯の坪街道），是遊客們喜愛的商店聚集區，相當熱鬧。

湯之坪街道的兩旁，以生活小物和簡單的輕食餐廳為主，共通性或許是不造成旅人太多負擔，所以可以放鬆心情悠閒地慢慢逛。街上有間獲得正式授權的史奴比茶屋，分為內用和外賣兩區，提供的鹹食及甜點多由漫畫中的角色發想，十分精緻可愛。

從車站出發，到這個Y字形路口後往右側走，便是湯之坪街道。

作者私語
　　或許是湯之坪街道太好逛了，使得路旁公園內的蒸汽老火車頭顯得有些落寞（在牛奶杰看過的網誌中，關於湯之坪街道的分享內容鮮少會提到它）；此外，SL的保存狀況也不算理想，油漆有些斑駁剝落，相當可惜。

這是全球第一家史努比茶屋，室內外的裝飾和餐點都充滿了可愛的史奴比元素，販售區還有由布院限定的商品喔！

★ 金鱗湖

　　湯之坪街道的尾端會通往金鱗湖，其湖水是源自湖心的湧泉，再由旁邊的小河流出——據說一天能換兩次水，因此相當清澈。早晨溫度較低時，還可以看到從湖中冒出的溫泉煙霧，十分夢幻，很多人都覺得這是由布院最迷人的景點呢！玩家們可以悠閒地步行環湖一圈，或在湖畔餐廳品嚐輕食、喝杯咖啡，反正來到由布院就是要好好放鬆嘛！

金鱗湖畔有一間小型的「下ん湯」湯屋，採取「誠實付費」（200日元）的模式。

★ 黑色的 7-11

由布院大街上的 7-11，是少數幾間使用純黑色招牌的門市，非常特別。

除了天然景觀和熱鬧的商店街之外，由布院還有個挺特殊的小景點——黑色的 7-11 門市。在全日本超過 1.9 萬間的小七中，僅有少數幾間的招牌是純黑色的；而有不少人認為，降低招牌彩度是為了融入店面的周邊景觀。

這個說法在其他幾間門市或許是成立的，但牛奶杰認為，由布院分店四周的建築並沒有特別低調，因此會將招牌漆成黑色或許有其他的理由。總之，玩家到現場可以仔細觀察這間黑色的 7-11，跟先前提過的下田黑色 LAWSON 對比一下！

| 大分站 |

　　大分市為大分縣的政府所在地，也是九州人口數排名第五的城市，車站前的中央通上聚集著本地代表性的百貨公司；不過縣內的由布院溫泉與別府溫泉名氣太響亮，反而搶走了大分市的風采。

　　大分站參考了博多站的更新建案，是JR九州近期最大的車站翻修工程，成果相當顯著。新的車站大樓除了本身的運輸機能，還結合百貨商場、旅館、餐廳與大型的立體停車場，功能更趨完整，成為一棟便利的複合式大型建築。檢票口內的候車區採用木頭地板，配上純白牆面看起來相當賞心悅目，讓等火車變成令人愉快的事情。此外，車站前的路線巴士候車空間也重新彙整過，方便旅客轉乘其它交通工具。

在大分站候車時不用外出，光車站內就可以逛一個下午，頂樓的露天花園更是城市中欣賞夕陽和夜景的好地方喔！

JR大分站是JR九州近期最大的車站翻修工程，檢票口內的候車區改造得相當賞心悅目。

★ 大分縣立美術館

　　大分縣立美術館（OPAM）於 2015 年 4 月落成啟用後，旋即成為大分市受矚目的亮點，更獲得了 2015 年 JIA 日本建築大賞的肯定，可說是當年度最受推崇的作品。

　　美術館建築輕盈的透視感與室內的潔白牆面相當吸引目光。牛奶杰格外喜歡 3 樓的公共空間，頂端以木條結構交錯而成的天花板令人驚艷，在現場觀看的感受十分震撼。另外，「金澤 21 世紀美術館」中頗受歡迎的游泳池作品，也在大分美術館內設置了姊妹作。

作者私語
　　目前，大分空港的 1 樓大廳陳列了大分美術館的建築模型，或許是希望到訪大分的旅客，都能被它的迷人風貌所吸引吧！

大分縣立美術館的 3 樓天花板，以木條結構交錯而成。

　　負責大分縣立美術館建案的設計者，是坂茂建築事務所的平賀信孝、坂茂，與菅井啓太等合作夥伴；其中，事務所主持人坂茂，是 2014 年普立茲克建築獎（Pritzker Architecture Prize）的獲獎者呢！

　　坂茂的歷年作品中，最讓台灣民眾熟悉的，應該是阪神大地震後在災區搭建的鷹取教堂。這座以大型紙捲作為建材的嘗試，看似有些冒險，卻以堅強的韌性讓人稱服。九二一地震後，紙教堂在 2005 年飄洋過海來到台灣，矗立於埔里的社區中。

＼別府站／

別府站是高架化的車站，軌道與兩座島式月台位在 2 樓，主要的車站設施空間則在底下；除售票櫃台與候車區，也設置了商店和餐廳，功能十分齊全。車站外還有一座雕像，歡迎所有旅客造訪別府。

別府是日本老牌的溫泉城市，泉湧量堪稱日本第一，溫泉資源相當豐富，市內各處都有溫泉旅館或小型的公共浴場，幾乎到了「三步一浴場、五步一旅館」的程度。玩家在別府的街道上散步時可以注意一下，就連下水道的圓孔蓋都會冒出熱煙呢！

★ 別府溫泉

傳統上，人們會將廣義的「別府溫泉」分為「別府八湯」，但這「八湯」並非指 8 間旅館或浴場，而是 8 個主要的湧泉區域。包括別府溫泉區（指狹義的別府溫泉，位在 JR 別府站前週邊）、觀海寺溫泉區、龜川溫泉區、堀田溫泉區，及以白色泉水著稱的明礬溫泉區等 8 個區域。

作者私語

在這八湯中，牛奶杰覺得市區北側的「鐵輪溫泉區」頗具代表性。這裡的溫泉旅館林立，若從附近山丘的高處遠眺，處處都冒著白煙，不知情的人可能會以為山腳下發生大火了呢！鐵輪溫泉區周邊還有幾個「地獄」景點，是善用不同水質和顏色打造的小型風景區，例如藍色的海地獄、紅色的血地獄等，頗具特色。

★ 竹瓦溫泉

　　市中心鬧區內屬於別府溫泉區的「竹瓦溫泉」，從名字便可推斷是間很資深的溫泉浴場，早年的確是採用竹片作為房舍屋瓦，後來才改成一般的煉製瓦片。玩家在竹瓦溫泉除了可以泡泉水，還能體驗把自己埋在沙堆中的「砂浴」，用熱沙逼身體出汗，推薦沒嘗試過的玩家前往一遊。

★ 杉乃井飯店

　　位在半山腰上的杉乃井飯店，是別府最具代表性的大型溫泉飯店。飯店頂樓的「棚湯」，在中文是指梯田的意思，它利用高低落差，打造成像是「無邊際泳池」般的露天溫泉，且收費合理，還提供往返別府站西口的免費接駁巴士（候車地點是背對站房時右前方的停車場內），服務相當周到！

作者私語

　　別府市內這些供一般居民享用的溫泉浴場，建物內部多半較少更新保養，甚至有些陽春陳舊，可能會跟期待有點落差。若想感受舒適環境、望海景觀，或露天風呂的玩家，不妨試試看有提供「日歸溫泉」服務的旅館和飯店，在設施與清潔程度部分會較為理想喔！

竹瓦溫泉是別府市內很資深的溫泉浴場，除了溫泉外也能享受特別的沙浴喔！

別府市內各處都有溫泉旅館
或小型的公共浴場

🍴 B-SPEAK 蛋糕捲

可能是受到眾多女性遊客支持的緣故，由布院的甜點輕食產業，與其他地方相比明顯蓬勃許多；而名聲最響亮的莫屬 B-SPEAK 的蛋糕捲了！B-SPEAK 是本地的溫泉山莊「無量塔」獨立開設的名店，店鋪位置就在由布院通往湯之坪街道的分岔口。由於 B-SPEAK 擁有相當高的人氣，顧客常須排隊購買，商品也很容易提前賣完，要有撲空的心理準備。

在各班離開本地的由布院之森列車吧台，也會販售 B-SPEAK 的蛋糕，感興趣的玩家可以碰碰運氣喔！

🍴 大分地雞

大分在地的鄉土料理之中，以「大分地雞」、「豐後牛」與「鰻魚」最為知名。「地雞」專指在地生產的土雞肉，肉質豐厚、油脂適中，很受大分縣民歡迎。主要的烹調方法有炸雞（唐揚）、地雞鍋，以及碳烤雞肉釜飯等，各有支持者。其中「中津」更是日本知名的炸雞之城，據說全市有超過 60 間炸雞專賣店，各店鋪都有不同的秘方，值得玩家們多多嘗試。

大分地雞是大分縣民驕傲的料理，擁有相當多元的吃法。

這條路線順道搭

日豐本線：
＼環北九州之旅／

玩家若是從博多出發，搭乘由布院之森號從九州西側上山，結束行程後與其沿原路返回博多，不妨在下山時往東走，經由 JR 大分站接上 JR 日豐本線，搭乘「特急 Sonic 號」（ソニック）列車環遊北九州一圈再回到博多。這條路線可以停留的除了前面提過的大分與別府之外，杵築、中津與小倉都是很棒的順遊地點；如果在小倉拐個彎往門司走，行程就更豐富了！

日豐本線：環北九州之旅

━━━	JR日豐本線
┈┈┈	特急Sonic號行駛路線
━━━	其他主要幹線

特急 Sonic 號列車可載著乘客
環遊北九州一圈！

★ 杵築

杵築是別府北邊一座靠海的小城市，面對海崖的高台上建有杵築城天守，是在地的精神象徵。有別於其它保有日式城堡的城鎮，牛奶杰覺得杵築最吸引人停留的重點不在城堡，而是它的城下町。

杵築的城下町因為地勢之故，分立在南、北兩塊台地之上，中間夾著一道 V 字型的小山谷。傳統的日式老屋配上小山谷的石造階梯，彷彿將時光凝滯在江戶時代，牛奶杰個人相當喜歡這幅景色。而且杵築的外國遊客較少，不像其它觀光區沾染了過多商業氣息，玩家可以恣意暢遊。

杵築的城下町與坂道清幽閑適，相當吸引人。

★ 中津

　　中津位於大分縣的最北端，生活圈與大分的關係較薄弱，反而是跟北九州市的小倉較接近（事實上，歷史上曾短暫存在的小倉縣，的確有將中津包含其內）。市內的中津城是日本目前少數由私人管理的城堡，可惜欠缺知名戰國武將和戰役的題材加持，在包裝行銷上不太容易；但幾年前城堡曾一度成為不動產拍賣標的，在當時受到熱烈討論。

　　此外，中津也是日幣萬元紙鈔人物「福澤諭吉」的故鄉。福澤諭吉是出身於本地的思想家與教育家，為日本知名私校慶應大學的創辦者，市區內不但設置了他的塑像，還保有其故居供遊客參觀。

★ 小倉

　　小倉是北九州市的市中心，在新幹線通車之後更取代了門司，成為人們來到九州時第一個登岸的城市。市中心的小倉城曾經歷過實戰，與鄰近的購物中心都值得玩家走走。門司則是傳統的九州玄關港口，隔著關門海峽與本州的下關相望，港區周圍很有懷舊氣息，適合花一個下午的時間散散步。

關於這條環遊行程，需提醒玩家們的事情有 2 點：
① 小倉到博多區間的新幹線，是由 JR 西日本營運的 JR 山陽新幹線，所以各種 JR 九州發行的 Pass 都不管用；但在來線的「JR 鹿兒島本線」屬於 JR 九州，可以搭乘包括特急在內的各級列車。
② 雙向的 Sonic 號行經小倉站後會改變行駛方向，其他乘客可能會起身迴轉座椅喔！

小倉是北九州市的市中心，
在新幹線通車後更成為新一
代的九州玄關。

豐肥本線：九州橫斷鐵道之旅

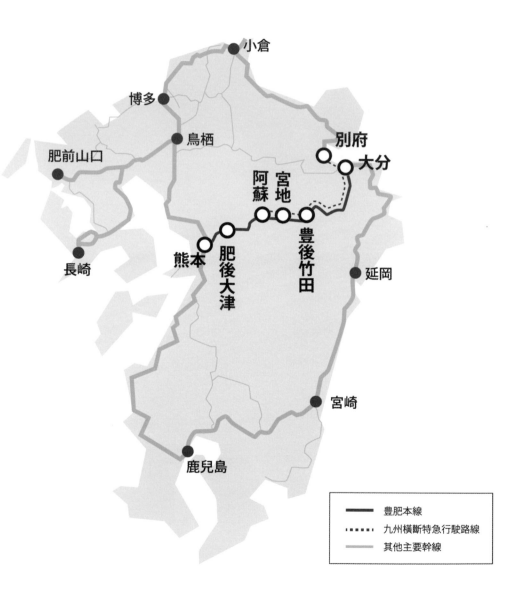

小倉

博多

鳥栖

肥前山口

別府
大分

阿蘇 宮地

熊本 肥後大津 豐後竹田

長崎

延岡

宮崎

鹿兒島

── 豐肥本線
······ 九州橫斷特急行駛路線
── 其他主要幹線

豐肥本線：
\ 九州橫斷鐵道之旅 /

橫貫九州的鐵道路線，除了久大本線之外，還有從大分往熊本的 JR 豐肥本線。這條路線的招牌列車為「九州橫斷特急」，使用了大紅色的 Kiha185 系列車，行駛途中還會翻越阿蘇高原，車窗景觀相當優美。

九州橫斷特急使用的「Kiha185 系」柴油客車，也會負擔「特急由布號」的任務，其紅色的車身塗裝正好跟由布院之森的綠色相互輝映，成為久大本線的鐵道印象之一。

作者私語
　從湯布院經大分玩到熊本，來回橫貫九州的路線，也是相當棒的行程安排。可惜豐肥本線受到 2016 年的熊本地震影響而暫時中斷，目前正在修復當中，想欣賞阿蘇高原景觀的讀者，記得先打聽一下路線是否恢復營運了喔！

MILK

07 *Great Itinerary!*
跟著達人這樣玩　　　由布院之森號三日輕旅行

Day1	Day2	Day3
出發 博多站	**出發** 別府站	**出發** 由布院站
		搭由布院之森號至 大分站
搭 JR 日豐本線 特急 Sonic 號 至別府站	搭由布院之森號	**大分縣立美術館**
		搭 JR 日豐本線特急 Sonic 號至杵築站
	由布院慢節奏散步 與溫泉之旅	**杵築城下町散步**
別府八湯溫泉之旅		搭 JR 日豐本線特急 Sonic 號至博多站
別府過夜	由布院過夜	返回博多

Japan
Rail

松浦鐵道

「松浦鐵道」對牛奶杰來說，是一條旅行印象很好的偏遠鐵道路線，幾年前走過一趟後，至今仍意猶未盡。這是一間位於九州西半部的地方鐵道業者，旗下員工不到百人，擁有一條「C」字形狀的西九州線。該路線原本歸屬於 JR 九州旗下，遭放棄經營後，改由新成立的第三 sector 鐵道業者「松浦鐵道」營運。松浦鐵道接手後，一度將本業服務經營得有聲有色，甚至轉虧為盈，堪稱「九州第三 sector 鐵道模範生」呢！

松浦鐵道路線圖

生月町

平戸市

たびら平戸口　中田平　西木場　御厨

東田平　松浦發電所前

西田平

末橘

田平町

江迎鹿町

高岩　潛龍瀧

豬調

鹿町町

神田　吉井

清峰高校前

佐々　佐々町

小佐々町

小浦　中里

真申　本山

棚方

相浦　上相浦

大學

松浦鐵道
JR九州

Best Ticket!
買這張票最划算！

\ 松浦鐵道一日乘車券 / & 市營巴士一日乘車券

　　松浦鐵道有推出自家的 1 日乘車券，刮開日期後可以憑券在一天內無限次數搭乘，鐵道沿線的主要車站均有販售，但建議在佐世保站購買最方便。而佐世保市內的交通，則推薦使用「市營巴士一日乘車券」，玩家們可以在巴士車內、巴士的各營業所，或是 JR 佐世保站內的觀光情報中心等地購得。除了能無限次數搭乘市巴士之外，憑券還可以搭乘市區到「九十九島珍珠海渡假區」乘船處的巴士，要上弓張展望台參觀也不須另外付費，十分划算。

市巴士 v.s 西肥巴士

　　有一點要特別提醒玩家們注意，佐世保市內的一般路線巴士，有 2 家主要的服務提供者，其一是佐世保市交通局的「市巴士」（市バス），車身採用白底搭配淺藍色塗裝；另一家則是西肥自動車的「西肥巴士」（西肥バス），外觀為深藍色塗裝。

　　這兩家巴士的路線有部份重疊，雖然收費額度相當，單程投現沒有問題，但市營巴士一日乘車券的使用範圍不包含西肥巴士，憑券搭乘的玩家們若不幸坐錯車，就得額外付費囉！

松浦鉄道 一日乘車券

- ¥ 價格：
  成人 2,000 円、兒童（小學生）1,000 円
- ◎ 販售地點：
  佐世保、佐世保中央、田平平戶口站等松浦電鐵沿線的主要車站。

市營巴士 一日乘車券（市営バス 1 日乘車券）

- ¥ 價格：
  成人 500 円、兒童 250 円
- ◎ 販售地點：
  巴士車內、佐世保市營巴士中心、指定巴士營業所、JR 佐世保站觀光情報中心。
- ! 注意事項：週末和國定假日可享全線搭乘優惠，平日僅能在指定區間內使用（詳情請洽官網）。

About here!
松浦鐵道,原來如此!

松浦鐵道的西九州線全長 93.8 公里,全線皆為非電氣化的單線區間,起點同時是 JR 佐世保線的終點站「JR 佐世保站」,終點則為同線途中的「有田站」,等於是在佐世保線的西側外圍繞了一個近 100 公里的 C 形外環道,沿著人口疏離的西九州海岸而行。而途中會經過的「田平平戶口站」(たびら平戶口駅),除了是通往平戶島的玄關口,更是目前日本本土最西端的火車站。換句話說,日本本土鐵道路線的極西點,就在西九州線途中喔!

松浦鐵道的西九州線,曾是被
JR 九州放棄經營的路線。

從 JR 松浦線到西九州線

日本國鐵在 1987 年分割為各地的 JR 會社後，僅過了一年時間，JR 九州就因為經營困難的考量，打算放棄被列為特定地方交通線的 JR 松浦線。該路線頭尾兩端點都與 JR 佐世保線銜接，橫跨長崎縣和佐賀縣兩地；為了不讓它停擺，兩縣與沿途的地方政府，結合在地企業共同投資，成立松浦鐵道會社接手原路線的經營，並更名為「西九州線」。

轉型黑字 V.S. 赤字危機

暱稱為「MR 鐵道」的松浦鐵道，或許是比過去的經營者更加熟悉在地民眾的需要，積極調整服務方式，在有市場潛力之處增設站點，使得車站總數由原本的 32 座增加到 57 座（大多數是維護成本很低的無人站），並適時加密列車班次，提升民眾搭乘的便利性。種種開源節流的措施，一度讓松浦鐵道獲得不錯的經營成果，甚至能在年度財報秀出「黑字」利潤──這在第三 sector 鐵道業界是件不容易的事情呢！

此外，松浦鐵道近年幾乎汰換了整個服務車隊，引進全新的柴油客車上線，提高乘車品質；對於沿線車站也頗有著墨，構思了多元的服務措施，讓居民與遊客的行程更為便利，受到不少好評。可惜近幾年隨著沿線居民逐漸減少與老化，加上自用車的擁車比例成長，松浦鐵道再度陷入赤字泥沼，出現廢線的檢討。

松浦鐵道堪稱「九州第三 sector 鐵道模範生」！

第三 sector 鐵道

　　這種不完全屬於政府，也不全然是民營企業的鐵道業者，在日本通稱為「第三 sector 鐵道」（第三セクター鉄道）的型態。20 世紀後半，日本國鐵與各家 JR 大舉廢線的階段，有許多家類似松浦鐵道形式的第三 sector 鐵道成立。就設立宗旨而言，他們跟台灣近幾年興起的「社會企業」很像，存在價值都不全然是為了股東營利，而更著重於解決在地社區與民眾的某些問題。

　　儘管有遠大的理想目標，但第三 sector 鐵道畢竟都是出身於艱困環境的業者，因此有不少團隊上路後面臨著年年赤字、必須想辦法籌錢過活的日子；也有難以維繫而最終宣告關門的第三 sector 鐵道會社。

「這裡」最特別！

★ MR-600 型柴油客車

MR-600 型是松浦鐵道引進的全新柴油客車。

松浦鐵道從 1988 年上路後，在 2006 ～ 2009 年間曾陷入經營危機，主因是早期引進的車輛已有些年歲，保養不易，使得營運穩定性大打折扣。為此，松浦鐵道從 2006 年起，分 6 年陸續引進 21 輛全新的 MR-600 型柴油客車，並在 2007 年先將 7 輛 MR-200 型與 MR-300 型全數汰換；而 17 輛更早服役的 MR-100 型，則等到新車於 2012 年到齊後才退休，現今幾乎是將整個車隊完全更新了。

松浦鐵道還保有一輛復古造型的
MR-500 型特別式樣車

MR-600 型依報到照梯次不同，而有黑色、藍色，與紅色 3 種標準塗裝。

★ 肥前 WEST LINER

　　MR-600 型柴油客車約為 18 公尺長，由「日本車輛」生產製造，跟臺鐵的 DR1000 型柴油客車系出同門，不過它的引擎馬力有 355 匹，稍高於 DR1000 型。這款柴油客車可以單節雙向運轉，或是串連多節後合力載客，很適合松浦鐵道在尖峰或離峰時段的彈性運用，上線後立即成為松浦鐵道的載客主力，被暱稱為「肥前 WEST LINER」（「肥前」為西九州地區的古國名）；至於她在服務上的最大缺點，可能是出於成本考量而未在車內設置洗手間吧！

　　由於幾乎汰換了全車隊，MR-600 型的外觀彩妝也成為松浦鐵道的新標準塗裝。三款身車皆以白色為底，窗帶依報到梯次而有黑色、藍色與紅色之分；窗帶底下的淺藍色和橙色橫紋，則各自象徵著沿途的西海與西岸的夕陽。

作者私語

　　相當有趣的是，松浦鐵道為了廣闢財源，還出售這 21 輛 MR-600 型列車的冠名權，以個人名義冠名 3 個月的費用是 15 萬日圓。準備求婚卻還沒想到特別方式的玩家，可以優先考慮那 5 輛紅色的 MR-600 型火車唷！

MR-600 型可以單節運轉，或是多節串連載客，在各時段的運用上十分有彈性。

佐世保是日本的四大主要軍港之一

\ 佐世保站 /

　　西九州線沿途，以佐世保為人口最多的城市，觀光資源也最為豐富，除了西海國立公園的九十九島天然景緻外，市郊還有大型的主題樂園「豪斯登堡」加持。

　　佐世保本身是一座港口，16 世紀時作為日本與葡萄牙的貿易據點開始發展，但這段南蠻貿易很快就移轉到長崎。由於港區位處的佐世保灣水面寬闊、水深也足夠，因此佐

世保港從 1889 年開始被軍方利用，是日本舊海軍乃至今日的四大主要軍港之一。

佐世保港

　　太平洋戰爭後，佈署於亞太地區的美國海軍第七艦隊也將佐世保港列為基地，並在軍區內增建後勤體系。佐世保市內鄰近港濱的地區有不小的市街範圍由美軍掌管，除了基地設施，也設置了供眷屬或雇員等居住的社區，外人不得其門而入，宛如某種租界的概念。住宅區內的美式低矮洋房，搭配寬闊的車庫花園，彷彿將加州的社區街景搬到日本，感覺相當特別。

★ 海上自衛隊佐世保史料館

　　港區北面的矢岳町一帶，有海上自衛隊佐世保史料館，是認識佐世保發展歷史的好地方。對軍武國防有興趣的玩家，建議安排週末假日前往，不但能參與海上自衛隊的基地開放活動，還可以登上護衛艦參觀喔！

海上自衛隊的基地多會在週末假日時開放，遊客們可登上護衛艦參觀。

★ 九十九島

　　九十九島是西海國立公園的代表景區，平靜的海面上遍佈著數不盡的小島，猶如玉盤上四散的珍珠；名字裡的「九十九」僅是個代表數字，水域中的島嶼數量其實遠遠超過99座。在好萊塢電影《末代武士》（The Last Samurai）中，片頭為了營造島國日本的印象，剪出一段猶如仙境的海上千島畫面，便是取材自九十九島。

　　從市區搭路線巴士往西走，穿過隧道後會抵達「九十九島珍珠海渡假區」（九十九島パールシーリゾート），這是個複合性的遊憩設施，裡面還包含一座水族館。玩家可以從這裡登上觀光海盜船，在50分鐘的巡遊航程中，穿梭於星羅棋布的小島間，感受大自然的魅力。

若想一覽整個九十九島的風景，則推薦在晴天
時前往擁有良好視野的船越展望台；此外，集
近市區的弓張展望台能將城市與港口的風情
盡收眼框，頗受情侶們青睞，是佐世保的約
會聖地喔！

★ 豪斯登堡

　　來到九州，就不能不提位在佐世保南方市郊，仿造荷蘭風情所打造的大型主題樂園「豪斯登堡」（ハウステンボス）。幕府時代，長崎縣境一帶的肥前國曾是唯一獲准與西方進行貿易的地方，而荷蘭則曾是唯一獲准與日本往來的西方國家，因此當地要開發大規模的遊樂區時，便將「荷蘭」定為主題。

　　豪斯登堡的面積達 152 公頃，園內參照阿姆斯特丹及荷蘭其他城市的景緻進行規劃，並安排各種表演與體驗活動。喜歡荷蘭但還沒機會親自飛往歐洲的玩家，應該會對此處留下深刻印象。

　　近年來，為了與迪士尼、環球影城，以及日本其他主題樂園競爭，豪斯登堡也增設多項室內機械遊樂設施，並和日本知名動漫作品合作，提供旅客更多元的遊玩樂趣。

　　從佐世保前往豪斯登堡，只要搭往長崎方向的 JR 大村線列車，約 25 分鐘便可抵達園區專屬的「JR 豪斯登堡站」，十分便利。園區內外皆有飯店，想在樂園裡多玩幾天的玩家們，也可考慮在飯店留宿喔！

豪斯登堡有自己專屬的 JR 車站，方便玩家前往遊玩。

＼ 佐世保中央站 ／

西九州線從起點佐世保站出發後，第一個停靠站便是「佐世保中央站」。該站座落於佐世保本地重要的「さるくシティ4○3」商店街旁，這條長度將近1公里的拱廊通道匯集了約250間店家，是佐世保居民的逛街好去處，松浦鐵路也因此增添不少票房收益。

佐世保中央站設立於1990年，是第三sector鐵道階段的設站成果之一，高架化車站的出入口透過一條小巷子連結商店街，但位置有些隱蔽，外地人可能不太容易找到門路。站外不遠處有一棟外觀特殊的辦公大樓，是親和銀行總部，獨樹一格的設計讓它成為日本建築界的討論案例。

佐世保中央站的出入口比較
隱蔽，要費點心力尋找。

日本鐵道最短站距

  由佐世保中央站到隔壁的「中佐世保站」只有短短的 200 公尺，是日本鐵道界目前的最短站距紀錄保持者，牛奶杰覺得這紀錄要被刷新也不太容易呢！此外，路面電車雖然也有超短站距，但隸屬軌道法，不能跟適用不同法規的火車相提並論。

｜大學站｜

　　全日本目前有 30 座鐵路或路面電車的車站，站名裡包含「大學」字樣，它們的命名考量多半是因為鄰近學校，而稱為「某某大學站」，或「某某大學前站」。西九州線的行駛範圍涵蓋長崎縣立大學的佐世保校區附近，松浦鐵道開業後為了吸收客源，便在途中增設了新站。這座車站僅簡潔地稱「大學站」，沒有再加上其它文字，獨步於 30 座大學車站當中。

　　儘管不確定松浦鐵道當初的想法，但增設這座新站後確實為它帶來了一筆意外收入──賣吉祥車票。日本的車站月台票稱為「入場券」，大學站的月台票自然就是「大學入場券」囉！準備升學的高中生們，會互贈大學入場券為彼此加油打氣。

　　大學站本身是座無人站，也沒有設置售票機，所以「大學入場券」得在松浦鐵道的其他車站購買。而為了體貼遠地的學子們，也可以用郵購方式取得，松浦鐵道甚至推出了「大學入場券」加「合格御守」的套組喔！

＼田平平戶口站／

九州西側的海岸曲折，藏有許多灣澳島嶼，很適合作為海上運輸的根據地；加上長久以來對中國、朝鮮、南洋，甚至歐洲地區的貿易發展，培養出長崎、佐世保、平戶與唐津等重要的海港城市。

松浦鐵道西九州線的「田平平戶口站」（たびら平戶口駅）設在離海岸不遠處，站名中的「田平」指平戶市位於九州島上的這一帶區域，「平戶口」則有「這裡是聯絡平戶島的窗口」之意。

作者私語

在這些海港城市當中，平戶港的位置較為特別，它的碼頭與市區不在九州島本身，而是位在隔著狹窄海峽相望的平戶島上；「平戶市」的行政區域，則橫跨了海峽兩岸。

田平平戶口站是日本本土最西端的火車站

田平天主堂見證了早期
天主教在日本的傳教
軌跡

日本本土最西端火車站

　　田平平戶口站是日本本土最西端的火車
站（若單純論 JR 的最西端車站，則是佐世保
站），鐵道會社不但在此設立了紀念碑，還
將車站房舍隔出一塊小空間，規劃為小型的
鐵道博物館，鐵道迷們造訪此地時請一定不
要錯過！

★ 平田天主堂

　　距離車站約 5 公里處有一座田平天主
堂，見證了早期西方天主教傳教士的軌跡。
它曾與長崎地區的老教堂群一同申請為世界
文化遺產，可惜首次遞件未果，後來又因相
關團隊調整申請策略，而被從名單中移除；
雖然無緣納為世界遺產，但田平天主堂仍是
受國家保護的「國之重要文化財」。

　　玩家若要前往田平天主堂或平戶島，可以在田平平戶口站向站務員租電動腳踏車(這也是松浦鐵道廣闢財源的方法之一)，因為路線沿途有不少地形起伏，電動車的馬達能在上坡時多少減輕玩家的負擔。騎車沿著665公尺長的平戶大橋通過海峽後，右轉下坡便是往平戶市街的方向囉！

松浦鐵道沿線部份車站提供
租電動腳踏車的服務

| 平戶 |

荷蘭在 1603 年設立聯合東印度公司（VOC），試圖打破西班牙和葡萄牙壟斷東方貿易的局面，將觸角伸向日本，並在 1613 年登陸平戶設立商館。而平戶作為東西方貿易匯集地的背景，在港區西側的山坡上留下一道特殊的景緻，稱為「寺院與教會合影之處」。

天主教的澤維爾紀念教會（平戶ザビエル記念教会），與佛教的光明寺和瑞雲禪寺，都位在一條彎曲的石階步道旁，使得教堂的哥德式尖塔巧妙地融入佛寺的背景，形成一幅特殊的東西文化合併畫面（當地教堂多在禁教階段遭拆除，我們現在看到的是 1931 年重建的成果）。

★ 荷蘭商館

平戶港邊的「荷蘭商館」（和蘭商館），同樣是見證那段貿易歷史的象徵，最終卻成為了結束平戶 30 年貿易黃金歲月的關鍵。

1639 年，商館新建的磚造倉庫落成，沒想到因為建築外牆標著「1639」的西曆年份，觸怒了幕府，認為 VOC 有違反禁教令之嫌，勒令他們拆除倉庫。荷蘭人為了維持貿易關係，只好乖乖照辦（現有建物為依樣復刻品）。幕府之後更要求 VOC 將貿易基地遷往長崎的出島，以利統一管理，平戶貿易的時代至此便告一段落。

荷蘭商館的 1639 年份標記，曾經引起重大的外交危機。

作者私語

日本從 1641 年起便嚴守「僅限長崎對外接觸」的鎖國措施，直到兩個世紀後面對美國海軍佩里准將的「黑船來航」（也就是本書在〈下田〉章節裡提到的部份），鎖國局面才終於應聲瓦解。

★ 平戶城

與荷蘭商館隔著港灣相望的山丘上，聳立著藩主的城堡「平戶城」。這座建於半島山丘頂端的城堡三面環海，視野相當良好，能掌握港內的動態，並遠眺平戶大橋方向的九州島。過去，城堡曾應明治政府要求拆除，目前我們所見的天守閣是 1962 年新建的模擬天守。另外，平戶藩的歷代藩主皆為松浦家族，因此通稱為松浦藩，北松浦半島與松浦鐵道之名，就是源自藩主的姓氏。

平戶城三面環海，能掌握週邊水域的動態。

★ 幸橋

平戶市役所旁有一座石造的拱橋，約莫20公尺長，規模並不宏大，也被列為「國之重要文化財」。拱橋名為「幸橋」，早先是藩主松浦鎮信下令興建的木橋，後來因解決了城下町居民往來的困難，而被稱為「幸橋」。相傳木橋在1702年改建為石橋時，採用了過往興建荷蘭商館的技術，因此又有「荷蘭橋」的別稱呢！

★ 兒誕石

除了這些荷蘭人的足跡，平戶島上還有一個小小的景點與台灣人有關。從平戶大橋下橋後左轉，朝市區的反方向走，沿著公路前進約莫5公里，就會抵達千里濱海水浴場（千里ヶ浜海水浴場）。這裡據說是鄭成功的出生地，相傳國姓爺的母親在海邊的石頭急產，後來便留下了鄭成功的「兒誕石」作為紀念。

海邊的歷史細節可能需要進一步考據（也可能永遠也難以證實），但鄭成功6歲之前確實與母親同住在平戶，這裡無疑是他的故鄉。附帶一提，我們在提起鄭成功的故事時常會說到「倭寇」一詞，一般認為這些日本海盜的主要根據地中也包括平戶喔！

平戶市役所旁的幸橋，也被稱爲「荷蘭橋」。

千里濱的海邊據說是鄭成功的出生地

﹨伊万里站 ﹨

　　伊万里站雖然只是松浦鐵道西九州線的一個中途站,但由於整體線形的關係,西九州線在此呈現折返的Y字形,列車更分成「伊万里到佐世保」,以及「伊万里到有田」兩個獨立的系統運行,讓原本單純的西九州線多了些許變化。

　　松浦鐵道的伊万里站設於唐津街道的大馬路西側,走天橋過馬路到另一邊,則是隸屬於JR筑肥線的「JR伊万里站」。西九州線從JR分割出來後,兩家業者其實仍一直共用車站,直到2002年進行立體化改建時,才把雙方的軌道切開,各自獨立成今天的樣子。

★ 伊万里燒

　　伊万里當地以陶瓷工藝聞名,稱為「伊万里燒」,從街道的裝飾與方向指標都能感受到地方對自家的陶藝相當有自信;同時,西九州線終點的有田也以「有田燒」聞名,這段區間可說是九州的陶瓷之鄉呢!

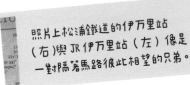

照片上松浦鐵道的伊万里站(右)與JR伊万里站(左)像是一對隔著馬路彼此相望的兄弟。

What's Tasty?
不吃太可惜！

🍴 軍港美食

　　來到日本的西九州遊玩，牛奶杰推薦玩家們品嘗的美食竟然是美國來的漢堡！？原來，日本在國防上有橫須賀、舞鶴、吳、佐世保這四大軍港，都是從明治時代發展至今的要塞，也培養出特殊的飲食文化。而「軍港美食」的重點，不外乎兩道料理──咖哩飯與漢堡。

★ 美式漢堡

　　在橫須賀與佐世保這兩座有美軍進駐的港口，各自林立著「號稱」美國原汁原味的漢堡餐廳，而佐世保這裡最具代表性的，應該非「LOG KIT」莫屬了！ LOG KIT 的本店開在矢岳町，鄰近海上自衛隊的佐世保史料館以及美軍基地主要大門。

　　現點現做的漢堡份量十足，生菜、洋蔥、番茄等配料爽脆新鮮，搭配火侯正好的漢堡肉，吃起來非常滿足；口味必跟我們熟悉的連鎖速食店稍有不同，牛奶杰自己相當喜歡。另外，因為店內的所有漢堡都會夾一片牛肉漢堡肉，不吃牛的玩家們請特別注意，或改點不含牛肉的三明治系列。

LOG KIT 後來在 JR 佐世保站內開了一家外帶店，喜歡漢堡或想嘗鮮的饕客，別忘了上車前打包一份正宗美國漢堡喔！

> **咖哩飯**
>
> 　　「咖哩飯」如今被視為日本的庶民佳餚，但使用「咖哩」來調味並非日本傳統的料理方法，而是由西方所引進──據說最早開始吃咖哩飯的日本人，就是日本帝國時代的艦上官兵。畢竟船上的廚房空間與作業時間有限，鮮食也不易保存，要在有限的條件下餵飽飢腸轆轆的弟兄們並兼顧美味和營養，咖哩飯確實是很好的選擇。

More Railways!
這條路線順道搭

\ 筑肥線 /

　　從博多搭火車前往松浦鐵道有兩種途徑：其一是搭 JR 長崎本線與 JR 佐世保線的特急列車到佐世保站；另一條則是搭 JR 筑肥線的電車，經由唐津轉車到伊万里站連結。

　　筑肥線與福岡地鐵的機場線直通運轉，玩家從福岡空港站或 JR 博多站（地下鐵月台），均可搭乘地鐵機場線到姪濱站；接下來不用換車，列車就會自動變身為 JR 筑肥線的普通車，繼續往唐津前進喔！（從福岡循筑肥線到唐津僅需 50 分鐘）

筑肥線路線圖

由於筑肥線在福岡端不能接回 JR 九州
自己的軌道，因此當線上電車得前往小倉附
近的車廠保養時，就得從南邊經由長崎本線
繞一大圈回博多，再轉往小倉。此外，因為
該路徑屬於非電氣化的路線，玩家們會看到
柴油車頭拉著一整串沒有電源的電車回送，
那畫面猶如媽媽拎著玩到沒力氣的小孩回
家，相當有趣呢！

作者私語

　　筑肥線的名稱源自頭尾兩端的古國
名，福岡地區過去地處筑前國，伊万里
則位在肥前國的範圍。如果覺得筑肥
線取前兩字不好聽，也可稱它為
「前前線」，或乾脆就叫「最前
線」吧！

這些地方順路遊

\ 唐津 /

　　唐津是九州西北地區的另一座海港城市，過去是遣唐使出發往中國的港口。

★ 舊唐津銀行

　　位於市區的舊唐津銀行本店建於明治時期，已有 120 多年的歷史，建築採用紅磚搭配灰白色系水平飾帶的「辰野風格」，充滿濃郁的古典氛圍；而規劃設計這棟典雅樓房的建築師，正是日本大名鼎鼎的辰野金吾。

　　他最知名的代表作為東京站的丸之內站

房，也設計過日本銀行本店、小樽支店（現金融資料展室館），以及多間位於京都三条通的銀行建築，可說是當時日本建築界最具代表性的大師級人物。

舊唐津銀行本店由名家
辰野金吾設計

★ 唐津城

　　由於河流曲折的關係，唐津川的出海口形成了一座三面環水的半島，唐津城就建於半島上的高地，位置極佳；不僅敵軍難以接近，天守的視野也非常好，從唐津市區或海面上都能眺望唐津城。

　　唐津城周邊的舞鶴公園是春天欣賞櫻花、紫藤花的勝地，而位於唐津川彼岸的虹之松原，則是座沿著海岸分佈的松樹林，面積長約 10 公里、寬 2 公里，也是「日本三大松原」之一，景色相當清幽。

唐津城位在河口半島的高地，地理位置優越。

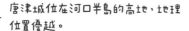

作者私語
牛奶杰第一次造訪這裡時，完全是在誤打誤撞的情況之下：當時正搭
乘筑肥線的電車準備前往福岡，望著窗外這片翁鬱的森林覺得十分難
得，於是臨時在虹之松原站下車，沒想到就這麼意外收穫了幽美的林
間景緻呢！

08

Great Itinerary!
跟著達人這樣玩　　　　松浦鐵道三日輕旅行

Day1	Day2	Day3
出發 博多站	**出發** 佐世保站	**出發** 伊万里站
搭 JR 特急至佐世保站	搭松浦鐵道至 田平平戶口站	搭 JR 筑肥線至唐津站
		唐津城、舊唐津銀行 本店
海上自衛隊基地、九十九島、佐世保史料館、弓張展望台欣賞夕陽	**租電動腳踏車遊覽平戶**	搭 JR 筑肥線至虹之松原站
		到海濱的虹之松原散步
	搭松浦鐵道至 伊万里站	搭 JR 筑肥線、地鐵 返回福岡
佐世保過夜	**伊万里過夜**	**福岡解散**

Japan Rail

長崎電鐵

長崎市位於九州的西部，市區的西、北、東三面被山丘包圍，是一座面海的港都。由於早年曾與西方世界接觸，長崎市內保存了許多西洋的元素，別有一番風情。貫穿市內的路面電車，則是搭載旅人暢遊這座充滿異國風貌港口城市的好幫手，多數景點都可以靠路電與一小段的步行抵達喔！

買這張票最划算！

\電車一日乘車券/

如果玩家單日內會搭 5 趟以上的路電，使用長崎路電推出的「一日乘車券」會是較划算的選擇；但有一點要注意──電車一日券沒辦法在車內購得！或許是為了鼓勵外來遊客多跟在地店家接觸，玩家們若想憑一日券乘車，得先在長崎電鐵的營業所、市內眾多委託代售的商店、旅館，或遊客諮詢中心購買（可預購，不一定限當天使用）。

這種不能在乘車同時購買企劃票券的情形，在日本算是相當罕見的案例；但即便如此，長崎電鐵平均每天仍會售出約 800 張一日券，看來十分受到遊客支持呢！

★ 電子一日券

相當與時俱進，長崎電鐵另開發了電子一日券，玩家們只要持智慧型手機，就可以到 Google Play 或 App Store 免費下載「長電アプリ」，並在 App 內直接點選購買，下車時主動向運轉士出示即可，非常便利！

作者私語

電子一日券很方便，費用也可選用信用卡支付，但要特別注意是，「長電アプリ」App 僅開放於日本境內的網路下載喔！

電車一日乘車券

- ¥ 價格：成人 500 円、兒童（6~11 歲）250 円
- 販售地點：長崎電鐵營業所、遊客案內所（遊客諮詢中心）、市內委託代售的商店和旅館。
- 注意事項：電車內無法購買一日券

長崎電鐵，原來如此！

第二次世界大戰末期，長崎成為全球唯二遭受核子武器攻擊的城市，但如今的長崎市已脫離原子彈陰影，發展為人口約 45 萬名的中型城市。市區座落於入海口的浦上川兩岸，形成南北狹長、東西被山丘包夾的型態，居民住宅沿山勢往三側的山上堆疊，住宅區內有非常多的坡道與石階，造就長崎的特殊風貌。這種狹長河谷的線狀型態，非常有利於路面電車等大眾交通工具集客，許多居民就住在「路面電車停留所」（通稱電停）附近，步行可到達的範圍呢！

長崎港

歷史上，長崎港於 1570 年對葡萄牙商船開放，是東西文化交流的重要里程碑；那時西方傳教士們也來到長崎週邊地區，不少日本居民就此改信天主教。然而，後來在島原半島一帶發生了「天草之亂」，因民變成員多為天主教信徒，使得幕府在平亂後宣佈對天主教禁教，葡萄牙人也遭到驅離。緊接著，荷蘭人頂替了葡萄牙人的位置，成為幕府唯一允許往來的西洋國家，長崎亦轉為對荷貿易，自此奠定了作為日本口岸的地位。

九州唯一的私營路電

　　這套路面電車由私人企業經營，是九州目前唯一私營的路電業者，雖然常被稱為「長崎電鐵」，甚至是「電鐵」，但該公司的正式名稱其實是「長崎電氣軌道株式會社」，名字裡根本沒有「鐵」這個字呢！他們早期也曾兼營路線巴士及長崎港內的交通渡輪服務，但目前均已出售，專營路面電車服務。

　　長崎電鐵於 1914 年 8 月設立，隔年底開始載客營業，至今已有超過百年的歷史。在長崎遭受原子彈攻擊時，共有 120 名員工喪生，19 輛電車損毀，服務旋即陷入停擺；然而，除了戰爭期間與被摧毀殆盡的戰後，電鐵的路面電車每天都與長崎居民一同作息，早已是在地生活不可或缺的一部分。長崎電鐵目前每天服務的 4.8 萬人次中，就有 9 成收入是來自使用定期票的熟客。

➤ 長崎居民的住宅常沿山勢堆疊，住宅區有非常多坡道與石階。

2000 倍的通貨膨脹！？

　　路電的百年歷史，也見證著日本通貨膨脹的過程。電車在 1921 年放棄區段計費，改採全區單一價時，每趟車資為 6 錢；現在則是 120 日元，為當年的 2000 倍。這個成長倍數看似驚人，但若與當時 1 張 30 錢、現在卻要 1800 日元，足足漲了 6000 倍的電影票相比，電車的漲幅還算是相當保守。

　　事實上，長崎電鐵的車資是目前日本各路面電車系統中最便宜的喔！幸好公司每年仍有約 2300 萬日元左右的利潤能夠永續經營。順道一提，善於拓增收入來源的長崎電鐵，是最早開始在車體張貼廣告的業者。

長崎電鐵早期也曾兼營路
線巴士與港內的渡輪

如今，長崎電鐵名義上有 5 條路線（1 條主線與 4 條支線），全長合計 11.5 公里。整體的路網混雜在一起，大致有一條從赤迫站到出島站的南北向狹長路線；再加上南側靠市區端，有 3 條猶如「E」字形的線段深入山手地區。電車運行上則會分成 1 ～ 5 號共 5 種營運系統，在最北的赤迫站與 E 字形三觸手的螢茶屋站、正覺寺下站、石橋站這 4 個端點間往來。不過 2 號系統在一般情況下不會發車，因此實務上僅有 4 套起訖組合。

作者私語
　　長崎電鐵現役的停留所（車站）共有 39 座，藉由 4 條運轉路線間的轉乘，乘客最多僅需換一次車，就可在所有車站間自由往來，相當便利。另外，若需要轉車的話，玩家們記得在第一段下車時向駕駛員索取「轉乘券」（のりつぎ券），用來抵免第二段的車資喔！

03

Here we go!
長崎電鐵玩什麼？

\ 浦上車庫前站 /

　　喜歡路電的鐵道迷們，來到長崎時不妨到浦上車庫前站瞧瞧，因為車庫就位在車站旁，有很大的機會拍到長崎電鐵各款電車喔！

\ 松山町站 /

　　長崎在 1945 年 8 月 9 日受到原子彈攻擊，爆炸的中心位置離松山町站不遠，步行約 3 分鐘即可到達。事件發生後，為了留下歷史見證並警惕後世，日本陸續設置了原子爆彈落下中心地碑、和平公園、和平祈念像，以及原爆資料館等設施。

　　當時以美軍為首的盟軍為了盡早結束太平洋戰爭，執行「曼哈頓計畫」研發出兩枚原子彈：第一顆原子彈在 1945 年 8 月 6 日於廣島引爆，3 天後另一顆威力更強的原子彈落在長崎，約造成 15 萬人罹難。位於原爆點附近的浦上天主堂當時正在進行儀式，神職人員與信眾全數喪生；天主堂在戰後重建，如今作為天主教長崎總教區的座堂。

長崎原爆資料館

費用：成人 200 円、兒童（6～17 歲）100 円

開放時間：5～8 月 8:30～18:30
　　　　　9～4 月 8:30～17:30

公休：12/29～3/1

\ 浜口町站 /

　　浜口町站旁的長崎西洋館，被設計成
電車能直接從底部穿過的特殊建築，相當吸
睛。雖然1樓的樓版面積因此變得非常有
限，設計師還是相當巧妙地將土地做了最妥
善的運用。

　　西洋館由長崎電鐵的關係企業經營，是
一座小型商場，裡頭進駐了些許連鎖品牌的
店舖與餐廳。3樓有一間路面電車資料館，
陳列電車的歷史照片與車上設備，還有供小
朋友玩樂的變裝道具，宛如小型的鐵道博物
館——最重要的是，這裡可以免費入場喔！

電車會從長崎西洋館的
底部穿過，相當特別。

\ JR 長崎站 /

　　稻佐山作為浦上川西岸的山丘，海拔高度 333 公尺（與東京鐵塔同高），是長崎市區周圍賞景的最高點。山上的夜間景觀不但獲封為「日本三大夜景」之一，同時也在「世界新三大夜景」中佔有一席，非常值得前往欣賞。要登上稻佐山有兩種方式，其一是搭乘纜車往返，或先從 JR 長崎站前搭路線巴士上山，再步行一段路前往觀景台，玩家們可以視自己的行程安排選擇適合的方式。

作者私語
　　建議玩家們在黃昏時上山，欣賞完晚霞和夜景後再下山用餐，一次飽覽兩種絕美景緻！

出島爲江戶時期興建的人工島，曾經
是日本對西方開放的唯一窗口。

\ 出島站 /

運河旁的出島是江戶時期興建的人工
島，主要用於接待葡萄牙商人與貿易船隊，
是西洋船員與商人唯一能登岸之處，日本國
人沒事不得隨意進入，猶如境外的貿易中
心。葡萄牙人在 1639 年遭禁止武來後，位
於平戶的荷蘭商館遷移至此，使出島成為荷
蘭商人的聚集處。

★ 海軍傳習所

結束鎖國後，幕府利用與荷蘭的穩定關
係，在出島設置海軍傳習所，培養日本自己
的海軍人才；為此，荷蘭國王贈與了日本第
一艘蒸汽船「觀光丸」。日後最具航海長才
的幕臣、坂本龍馬的恩師——勝海舟，以及

曾率領叛軍又歸順為明治維新效力的榎本武
揚等人，都曾在此研習海上行舟的知識。

原本臨海的出島，後來因填海造陸而位
處市中心，但長崎市出資重建了扇形的出島
區域，不但有各種文物的展示，還復原了當
時的建築及內部擺設，讓遊客們能在園區內
遙想當年的情境。

\ 大浦海岸通站 /

★ 舊香港上海銀行長崎支店

大浦海岸通站不遠處有座大型的石造建築，過去曾是香港上海銀行在長崎的據點，也就是我們現在熟悉的匯豐銀行（HSBC）。匯豐在 1892 年登陸長崎，當時曾是這裡唯一的外國銀行；銀行建築於 1904 年完工，現在不但被列為古蹟，裡頭還展示了港口與貿易的解說資料，對這段歷史感興趣的玩家不妨過來逛逛。

匯豐銀行於 1892 年登陸長崎，曾為此地唯一的外國銀行。

★ 荷蘭

　　從大浦海岸通站往東側的山上走，就會抵達荷蘭坂（オランダ坂）。它是東山手區域的主要坡道，過去曾為西洋人的聚落區，現在保存了數棟木造洋房供遊客參觀。此外，東山手區域是「重要傳統建造物保存地區」之一，荷蘭坂則是「日本之道100選」的成員喔！

荷蘭坂是「東山手」區域的主要坡道，有多棟異人館可參觀。

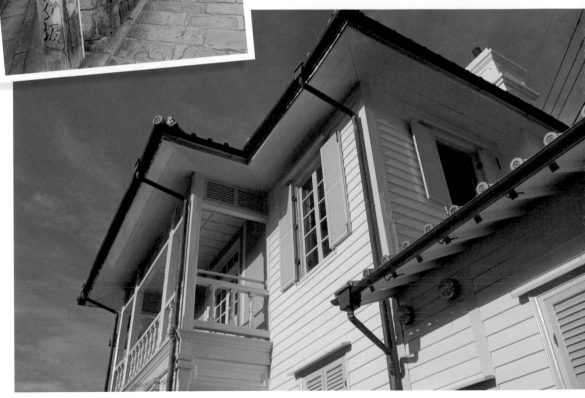

大浦天主堂是日本現存最古老的天主教建築物，已納爲國寶名單。

＼大浦天主堂站／

★ 大浦天主堂

出了車站後步行約 5 分鐘，就能夠抵達大浦天主堂。這座天主堂建於 1865 年，是日本現存最古老的天主教建築物，從明治時代至今都是長崎當地最重要的天主教會，甚至已納入日本國寶名單保護。

日本二十六聖殉教者堂

這棟建築其實有個令人悲傷的正式名稱，叫作「日本二十六聖殉教者堂」，紀錄著「日本二十六聖人」的血淚史──這 26 名教徒，因為信仰當時被定為「邪教」的天主教，而遭豐臣秀吉下令在長崎處決。

哥拉巴宅邸為日本現存最老的
木造西洋建築

★ 哥拉巴園

　　哥拉巴（T. B. Glover）是幕末鎖國解禁後，在長崎從事貿易的蘇格蘭商人，經手的產品琳瑯滿目，其中還包括了地方倒幕勢力的軍火。哥拉巴的宅邸座落於港邊半山腰的平緩處，可以俯瞰港內的一舉一動，位置極佳。其公館則是日本現存最老的木造西洋建築，相當具有保存意義；園區由三菱造船捐贈給長崎市後，才對外開放給民眾參觀。

作者私語

　　哥拉巴園的後門有一條天空步道，可以通往路電的石橋站附近，而且這裡有罕見的斜向電梯，是另一個欣賞夜景的好去處喔！

哥拉巴園的愛心石是戀人們的尋寶標的喔！

| 公會堂前站 |

★ 眼鏡橋

　　公會堂前站附近的眼鏡橋，為「日本三
大名橋」之一。這座石造雙拱橋經由中島川
的河水映照後，就像一副眼鏡架在河道上，
因此而得名。為了保存這座年代久遠的古蹟
橋，河道還特別經人工引流改建，將超出水
位的水流導引至兩側暗渠；此外，眼鏡橋附
近還有塊愛心石，是戀人們的幸運物喔！

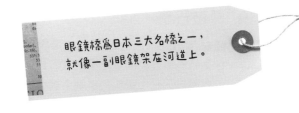

眼鏡橋為日本三大名橋之一，
就像一副眼鏡架在河道上。

眼鏡橋附近的愛心石是
戀人們的幸運物

★ 龜山社中＆風頭公園

　　長崎是幕末豪傑「坂本龍馬」生前最活躍的地點，市內有多處景點跟他有關，「龜山社中」可為其中的代表。這是龍馬獲得薩摩藩支持後所創設的海運組織，主要為倒幕藩輸送物資，已具現代有限公司的雛型；龜山社中後來幾經輾轉，可以視為三菱集團的前身之一。

　　位於龜山上這座紀念館並非當時的建築，而是座復刻品；附近的風頭公園設有龍馬雕像，眺望市景的視野相當好，從公會堂前站徒步前往約需 17 分鐘，距離不算遠，喜歡阪本龍馬的玩家們不妨過去逛逛。

04

More Railways!
這條路線順道搭

\ 長崎本線 /

　　台灣與長崎目前沒有直飛航班，最簡單的前往方法是先飛到九州的福岡，再搭特急列車前往長崎。從福岡往來長崎的「特急海鷗號」（かもめ，Kamome）列車，由福岡的代表車站「JR 博多站」出發，會先沿著 JR 鹿兒島本線南下，到鳥栖站後接上 JR 長崎本線，直抵終點的 JR 長崎站。

長崎本線路線圖

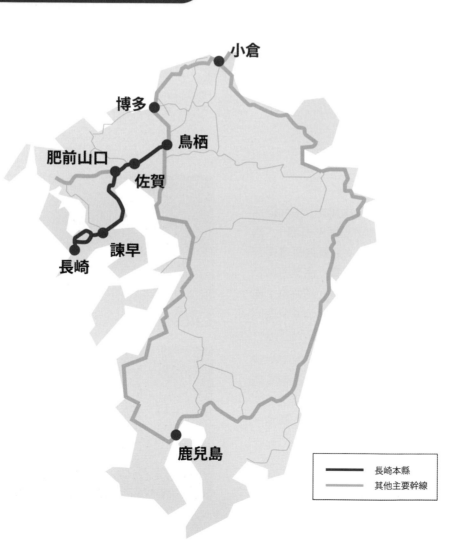

小倉

博多

鳥栖

肥前山口

佐賀

諫早

長崎

鹿兒島

━━━ 長崎本縣
━━━ 其他主要幹線

從福岡往來長崎可搭乘
JR的特急海鷗號

⭐ 特急海鷗號

特急海鷗號的主力車種,為 JR 九州的 885 系傾斜式電車,純白色的車身配上細部的黃、藍(二次增備車款)色點綴,感覺相當亮眼。此外,這台列車跟台灣也頗有緣份,台鐵當初引進 TEMU1000 型自強號太魯閣列車前,便是以 885 系為參考範本喔!特急海鷗號在肥前七浦站到長里站之間,會沿著有明海的岸邊而行,這是九州的一處內海灣,面積遼闊且風浪平穩,景色十分優美。

若是搭乘普通列車的話,可以在小長井站下車,到附近的國道 207 線走走,這裡有以 5 種水果造型聞名的巴士站牌,相當特別。

純白車身的 885 系傾斜式
電車看起來相當亮眼

★ 新線 V.S. 舊線

　　長崎本線在靠近長崎這端,分為新、舊兩線:新線以長隧道縮短行駛距離,可以節省列車行駛的時間;舊線則是沿著大村灣的海岸線而行,途中會經過幾座村莊與漁港。

　　一般來說,特急列車為了省時,大都會行駛新線;而普通列車與快速列車則以舊線居多,少數走新線的普通列車屬於點綴性質,為中途的車站提供最低限度的服務。但即便舊線比較費時,牛奶杰仍建議玩家若時間充裕,應該搭一趟行駛舊線的列車,不但沿海風景相當漂亮,還可以遠眺全球首座完全蓋在海中的長崎機場呢!

長崎本線舊線沿著大村灣的海岸線而行,晴天時的風景很好。

\ 軍艦島 /

我在長崎的青年旅社住宿時，交誼廳裡討論最熱烈的景點，並非原子彈的相關歷史遺跡，也不是稻佐山的迷人夜景，而是孤懸於長崎外海的「軍艦島」——它可能是日本目前最著名的「廢墟」景點之一呢！

本名為「端島」（Hashima）的軍艦島，並非一塊長得像軍艦的超大礁岩，而是一座距離長崎港約 10 海里的海島。由於人工大規模興建、如今卻早已廢棄的高樓住宅群，形成中央高聳、四周低矮的外型，從海面望去猶如一艘漂浮在汪洋中的軍艦。

1921 年時，因為日本報紙刊登的一張端島照片，貌似三菱重工長崎造船廠打造的「土佐號」戰艦，而得名「軍艦島」。

黑金

　　端島在 1810 年被探勘出上個世代的重要「黑金」——煤炭的礦脈，於是陸續有人嘗試開發，無奈克服不了島上的狂風等惡劣條件，全數宣告放棄。直到 1890 年，從長崎起家的三菱注意到端島的潛力，透過合資會社正式掌握了端島的礦權。

　　軍艦島的礦產來源並非僅限於小島本身，三菱將端島當作一個海上的作業平台，向島嶼和週邊的海床底下進行開挖。奇妙的是，作為礦場的軍艦島，面積不但沒有越挖越小，反倒增加為原本的三倍；原來，島上有三分之二的面積是與海爭地而來的。

作者私語

　　軍艦島在採礦期間的開發程度非常令人驚訝，樓高 9 層的 30 號樓在 1916 年落成，是日本第一棟採用 RC 鋼筋混凝土建造的高層大樓喔！

惡魔島！？

　　軍艦島的礦工來源不僅有日本人，還包括朝鮮與中國佔領區內的民眾，但是島上的工作條件非常差，許多人在採礦過程中因意外、疲憊或疾病而喪生。在當年的外國礦工心中，這裡恐怕不是軍艦島，而是惡魔島才對！

　　軍艦島於 2015 年被納入世界文化遺產名單，但韓國對於說明資料上鮮少提及日本過去對韓國人的壓榨表示不滿，認為這是一項負面色彩濃厚的人類遺產。

經濟效益崩毀，讓軍艦島淪為擁有高樓大廈的無人島。

從廢棄到復甦

　　因 1970 年代全球燃料供應的轉變，煤炭的需求與價格逐步降低，影響了繼續採礦的經濟效益，三菱遂在 1974 年結束軍艦島的採礦作業。同年 4 月 20 日，所有居民被迫從島上遷離，使端島成為一座擁有高樓大廈、醫院、學校、幼稚園、電影院、神社、游泳池與郵局等設施，卻沒有任何居民的無人島——軍艦島自此廢棄至今。

　　在將近 30 年後的 2001 年，三菱決定將軍艦島的產權，無償捐獻給地方政府的高島町（高島町隨後又併入長崎市），並在 2009 年 4 月正式開放民眾有條件登島觀光。之後便陸續有《大逃殺 2》、《007：空降危機》（Skyfall），以及《進擊的巨人》等電影在此拍攝或作為取材概念。此外，《全面啟動》（Inception）電影中在海邊崩毀的巨樓場景，可能也是受到軍艦島的影響喔！

由於島上的高樓建築群從興建至今已有一段時間，且長期缺乏使用與保養，隨時有倒塌崩毀的可能，因此民眾只能在導覽解說員的帶領下登島，並在限制範圍內觀光。

遊覽軍艦島

　　如今提供登島服務的業者共有 5 家，行程多從長崎市內的港濱出發，上午與下午各一個航次。包括登船前的影片導覽解說、來回航行時間、環島巡航的近岸瀏覽，以及實際登島參觀，整個行程約需 3 個半鐘頭的時間。費用約為 4,200 ～ 4,300 日元，其中有 300 日元是代長崎市政府收取的參觀費。

　　不同月份能成功出航或登島的可能性不一，例如 10、11 月有九成以上的機會能順利登島，7 月份的登島率則相對較差，依不同年份曾降到五成，甚至是三成左右。

作者私語
　　如果航行到軍艦島時才發現碼頭近岸的波浪太大而無法靠岸，也只能退還 300 日元的參觀費；因為即便沒有登島，乘客們還是成功出海巡航了。

跟著達人這樣玩　長崎電鐵一日／三日小旅行

1Day

出發
博多站

①搭 JR 特急至浦上站

②轉搭長崎電鐵至
松山町站

參觀原爆資料館

搭長崎電鐵至
大浦天主堂站

參觀哥拉巴園

搭長崎電鐵、接駁巴士、
纜車

欣賞稻佐山夜景

搭 JR 特急返回博多站

解散
福岡

Day1

出發
博多站

①搭 JR 特急至長崎站

②轉搭長崎電鐵至
大浦海岸通站

**舊香港上海銀行長崎支
店、軍艦島遺世秘境之
旅**

搭長崎電鐵、接駁巴士、
纜車

欣賞稻佐山夜景

長崎過夜

Day2

出發
長崎

搭長崎電鐵至松山町站

**參觀原爆資料館、和平
公園、浦上天主堂**

搭長崎電鐵至
浜口町站

**參觀長崎西洋館、
電車館**

搭長崎電鐵至
大浦天主堂站

**參觀大浦天主堂、哥拉
巴園、荷蘭坂**

長崎過夜

Day3

出發
長崎

搭長崎電鐵至
公會堂前站

**龜山社中紀念館、
風頭公園**

徒步約 20 分

眼鏡橋

①搭長崎電鐵至
長崎駅前站
②轉搭 JR 長崎本線舊線

**車窗海景之旅、佐賀城
維新內戰遺跡**

搭 JR 特急返回博多站

福岡解散

佐賀城曾為明治維新初期內戰的決戰地點

★ 佐賀城維新內戰遺跡

掌管長崎與佐賀的肥前藩，在江戶幕府末期是改革開放的雄藩之一，雖不像知名的長州藩與薩摩藩站在倒幕第一線，但仍對日本的世局產生影響。

明治維新推展期間，失去地位的武士們發起「佐賀之亂」，離 JR 佐賀站不遠的佐賀城，就是這場內戰的重要舞台。如今在城堡的鯱之門上仍能找到當時雙方激戰的彈痕，遭焚毀的本丸御殿則在 2004 年復原，以「佐賀縣立佐賀城本丸歷史館」之名對外開放，作為解說展示的展館。

★ 浦上天主堂

這座擁有雙鐘樓的磚砌新羅馬風格教堂，是 1895 年由法國神父 Bernard Petitjean 所建，為了紀念那些長期受到迫害的教徒；在 1925 年完工時，為東亞地區最大的天主教堂。

原本的教堂在 1945 年的長崎原爆中被完全摧毀，且當時正值聖母升天節，許多聚集在教堂舉行彌撒的教徒們，也因爆炸全數身亡。我們現在看到的教堂是於 1959 年重建、1980 年修整後的建築。

Life 09

跟著鐵道達人輕鬆玩日本！
11條錯過會後悔的大滿足鐵道路線全攻略

作者　牛奶杰

企劃選題　張維君

責任編輯　陳和玉

特約編輯　顏琬蓉

裝幀設計　製形所

內頁排版　林采瑤（美果視覺設計）

總編輯　張維君

主編　陳子逸

執行編輯　陳和玉

行銷企劃　康耿銘

社長　郭重興

發行人暨出版總監　曾大福

出版　光現出版

網站　http://bookrep.com.tw

信箱　service@bookrep.com.tw

發行　遠足文化事業股份有限公司

地址　231 新北市新店區民權路 108-2 號 9 樓

電話　(02) 2218-1417

傳真　(02) 2218-8057

客服專線　0800-221-029

法律顧問　華洋國際專利商標事務所／蘇文生律師

印刷　成陽印刷股份有限公司

ISBN　978-986-95767-3-4

定價　460 元

初版　2018 年 03 月 15 日

版權所有　翻印必究　如有缺頁破損請寄回

Printed in Taiwan

國家圖書館出版品預行編目資料

跟著鐵道達人輕鬆遊玩日本！11 條錯過會後悔的大滿足鐵道路線全攻略 / 牛奶杰作 .-- 初版 .-- 新北市：
光現 , 2018.03
面；公分
ISBN 978-986-95767-3-4（平裝）
1. 火車旅行 2. 自助旅行 3. 日本

731.9   106024997